GIGA
スクール・マネジメント

「ふつうの先生」が
ICTを「当たり前」に使う
最先端自治体の
やり方ぜんぶ見た。

監修　前田康裕（元熊本大学教職大学院准教授）
著　佐藤明彦（教育ジャーナリスト）
制作・取材協力　熊本市教育委員会

「GIGAスクール構想※」により、全国各地の小中学校に「1人1台」のデジタル端末が配備されてから、数カ月が経ちました。果たして学校現場では、どのくらいの頻度で、端末が使われているのでしょうか。

知人の先生からは、一部では熱心に使っている先生がいる一方で、「ほとんど使っていない」「ほぼこれまで通り」なんて話も耳にします。近年、学校教育をめぐっては、自治体間格差や学校間格差が指摘されていますが、このままではデジタル端末活用の格差も広がりかねない状況です。

「GIGAスクール構想」に投じられた国家予算は、総額で4610億円（令和元年度補正予算2318億円＋令和2年度補正予算2292億円）に上ります。各自治体が負担した額を合わせれば、実質的にはその倍くらいの税金が、学校教育に投じられたことになります。過去にこれだけの予算が教育改革に使われたことが、果たしてあったでしょうか。それだけ、「1人1台の整備で教育を変える」ことが、国家的プロジェクトと捉えられているのです。

そうやって導入された端末が、もし、ほとんど使われず、充電保管庫に眠ったままなんてことになれば、それはもう「もったいない」としかいいようがありません。世間や保護者からも「なぜ活用してもらえないのか」「無駄づかいだった」といった声があがる可能性もあります。

とはいえ、現在の学校はあまりにも多忙すぎて、新しいことにチャレンジする余裕がないのも事実です。今回配備された端末にしても、使ってみたいとは思っていても、手が回らないなんて先生もいると思います。

そのため、このまま何のサポートもなければ、端末が「文鎮化」する可能性は少なからずあります。実際、過去には、せっかく導入したパソコンや電子黒板がほとんど使われず、埃をかぶっているなんてケースもありました。

そうした状況の中で、ぜひ参考にしていただきたいのが、熊本市の取り組みです。国の構想に先駆けて2019年4月に小学校、2020年4月に中学校に「3人に1台」分のタブレット端末（iPad）を導入した同市では、1年も経たないうちに、多くの学校・教室で子供たちが端末を使って学ぶようになりました。そして、コロナ禍による2020年3～5月の一斉休校時には、すべての小中学校でZoomを使ったオンライン授業が行われ、全国的に注目を集めました。

「そんなこというけど、熊本市はＩＣＴの整備が以前から進んでいたんでしょ」

そういう人がいるかもしれませんが、違います。

２０１７年時点で、熊本市の教育用コンピュータ整備率は政令指定都市の中で下から2番目。児童生徒12・３人に１台（当時の全国平均は5・6人に１台）しか、端末がありませんでした。

「活用が進んでいるのは、一部のモデル校だけでしょ」

そういう人もいるかもしれませんが、やはり違います。

熊本市では、モデル校ではないごく普通の学校が、活発に端末を使っていたりします。さらには、ＩＣＴが苦手だった先生が、授業で生き生きと活用しているような例も山のようにあります。

わずか3年前まで、学校ＩＣＴの「後進自治体」だった熊本市で何があったのでしょうか。詳しい経緯は、本書のＰＡＲＴ１で解説するほか、拙著『教育委員会が本気出したらスゴかった。』（時事通信社）により詳しく書かれているので、興味のある方は読んでみてください。

端末の活用を広げる最もポピュラーな方法は、先進事例の共有です。文部科学省も、ポータルサイトとして「StuDX Style（スタディーエックススタイル）」を立ち上げ、１人１台端末の実践事例などを幅広く紹介しています。また、各教育委員会からも、ICTの活用事例集などが発行されています。

しかし、これらのサイトや事例集は、もともとICTが「好き」で「得意」な人たちを中心に読まれ、「嫌い」「苦手」な人たちには読まれていない側面があります。つまり、「先進事例の共有」というアプローチだけでは、限界があるのです。

では、「嫌い」「苦手」な先生に活用してもらうには、ほかにどのようなアプローチが必要なのでしょうか。カギを握るのは「マネジメント」です。現場の先生方が、端末を「使ってみようかな」と思えるような仕掛けをつくっていくことで、学校におけるICTの活用が日常風景となっていくのだと筆者は考えます。

その点で、熊本市の取り組みは、参考になる部分が多々あります。さらにいえば、学校のICT化に対する熊本市の考え方はとてもユニークで、だからこそ短期間で活用が広がったともいえます。

そのノウハウを多くの学校関係者が知れば、「GIGAスクール構想」はより実体の伴ったものになるのではないか――今回、そんな思いから、本書の企画がもちあがりました。

ＰＡＲＴ１では、具体的なノウハウを紹介する前に、熊本市が学校のＩＣＴ化についてどう考えているのか、基本的な理念・考え方などを紹介します。

ＰＡＲＴ２では、活用促進に向けた教育委員会の取り組みを紹介します。セキュリティに対する方針をはじめ、同市の革新的な考え方に驚かれることと思います。

ＰＡＲＴ３では、活用促進に向けて、熊本市の学校のミドルリーダー（ＩＣＴ推進担当など）が、現場で実践しているさまざまな工夫や取り組みを紹介します。

ＰＡＲＴ４では、活用促進に向けた各校の取り組みのうち、教育課程や年間指導計画の策定など、主として管理職レベルで行われているものにスポットを当て、その実践例を紹介します。

ＰＡＲＴ５では、ＩＣＴ支援員にスポットを当て、活用促進に向けた種々の取り組みを紹介します。全国的に、ＩＣＴ支援員の重要性はさほど認識されていませんが、その役割が非常に大きいことが、熊本市の実践を通じてご理解いただけると思います。

そして最後にＰＡＲＴ６では、こうしたマネジメントを通じてＩＣＴの活用が進んだ学校の授業実践を紹介します。ややレベルの高さを感じるかもしれませんが、どの実践も、もともとＩＣＴが得意ではなかった先生によるものです。

端末の活用を進めるためには、並行する形で教員の過重労働を改善し、精神的なゆとりをつくらねばならないというのが、筆者の持論です。
とはいえ、それを待っていたら、何も前に進まないという現実もあります。多忙が解消されない中で、端末の活用を日常風景とするためには、どのような道のりをたどればよいのか。本書を通じてその具体的なイメージをつかんでいただけたらうれしく思います。

２０２１年7月　佐藤明彦

※ＧＩＧＡスクール構想…全国の公立小中学校の児童生徒１人に１台の端末環境と高速大容量ネットワークを導入するという国の構想。２０１９年12月に閣議決定された２０１９年度補正予算案で予算が計上され、当初は２０２３年度の実現を目指していたが、コロナ禍により２０２０年度内の実現に前倒しされた。

本書に登場する方々の所属・肩書は取材時点（２０２０年度）のものです。

目次

PART 1

熊本市の学校ICT化、推進のねらいとは?

—コンセプトのマネジメント—

熊本市でICTの活用が進んだ大きな理由の1つとして、教員にICT活用のコンセプトを分かりやすく伝えたことが挙げられます。そのコンセプトとは「授業改善」です。ICTはそのための手段にすぎず、活用そのものは目的ではありません。

ICTの活用普及に向けたマネジメントについて述べる前に、このPARTでは熊本市が学校のICT化に取り組んだ経緯、その主たるねらいなど、核となる部分について見ていきたいと思います。

2020年4~5月にオンライン授業を全市展開し、「先進自治体」として一躍脚光を浴びた熊本市ですが、以前から学校のICT化が進んでいたわけではありません。「はじめに」でも書いたように、2017年時点における端末の整備率は政令指定都市の中で下から2番目、全1816自治体中1782位と、大きな後れを取っていました。

それが、わずか3年という短期間で「先進自治体」となり、多くの関係者が視察に訪れるようになったわけです。いってみれば、奇跡的な「大逆転劇」。熊本市に、一体何があったのでしょうか。

契機となったのは、2016年に起きた熊本地震でした。4月14日、16日の2回にわたり、最大震度7を記録したこの地震で、熊本市は大きな被害を受けました。当時、熊本城の石垣が崩れたことや阿蘇大橋が崩落したことは全国で報道されましたが、実は市内の小中学校も甚大な被害を受け、休校を余儀なくされました。そして、子供たちの学びは完全に止まってしまい、多くの関係者が歯がゆい思いをしました。

熊本市が真に復興し、持続可能な都市として発展していくためには、復興の担い手となる子供たちに投資していかねばならない――大西一史市長はこのとき、そんな思いを強くもったといいます。そして、民間から遠藤洋路氏（当時、株式会社青山社中の共同代表として熊本市の教育大綱の策定に携わっていた）を教育長として招聘しました。それ以降、この2人の強力なタッグの下で、熊本市の教育改革は推し進められることとなったのです。

先行きの見えない時代を生きていける子供、熊本の復興の担い手となる人材を育てるために、教育はどう変わるべきか――市長や教育長をはじめ、関係者が膝を突き合わせて話し合う中で出てきた方向性の1つは、教師が「教える」授業から子供が「学びとる」授業への転換でした。

これまでの授業では、話をするのは主として教師です。子供に発問することもありますが、意見をいう子供は特定の数人で、それらの意見だけで進む授業も見られます。こうした日本の学校の伝統的なスタイルともいえる「チョーク&トーク」による授業から、子供同士の「学び合い」を中心とした授業に変えることで、「主体的に考え行動する力」の育成を目指すというのが改革の主たるねらいです。

教員が使うのではなく、子供がICTを使う
ことで、子供が授業の主役になる。
「自ら考え主体的に行動できる力」を付ける
「先生が教える」授業から
「子供たちが学ぶ」授業へ
教師が教える
○△□
インプット中心
子供が主体的に学ぶ
○
△
△
□
アウトプット中心
ICT活用で
効果的に実現

時を同じくして、国レベルでも新しい学習指導要領の改訂作業が進み、「主体的・対話的で深い学び」による授業改善が提唱されていました。また、ＯＥＣＤ（経済協力開発機構）が、社会と個人の幸せ（Well Being）のために「目指すべき教育の姿」として公表している「Learning Framework 2030」も、熊本市の方針と軌を一にするものでした。

ちなみに、次ページの表は２０２０年７月に、熊本市が策定した「教育大綱」の一部です。「教育大綱」は、その自治体が目指す教育の基本方針を示すもので、約４～５年に１回の割合で策定されます。熊本市の場合、2016年3月版では「徳・知・体の調和のとれた教育の推進」が基本方針の1に掲げられていましたが、新しい大綱では「主体的に考え行動する力を育む教育の推進」に変わっています。「知・徳・体」は、全国の多くの学校が教育目標として掲げるものですが、それを捨てて「主体的に考え行動する力」をトップにもってきたわけです。これを見ても、「学校を変える」「授業を変える」という熊本市の並々ならぬ決意が伝わってきます。

熊本市教育大綱（2020年）

基本方針1　主体的に考え行動する力を育む教育の推進
基本方針2　子ども一人ひとりを大切にする教育の推進
基本方針3　最適な教育環境の整備
基本方針4　学校教育と福祉の連携の推進
基本方針5　多彩な学習機会の提供と創造
基本方針6　豊かな市民生活を楽しむための文化の振興
基本方針7　生涯を通して健康に過ごすためのスポーツの振興

問題は、「主体的に考え行動する力を育む」授業への転換をどうやって図るかです。いくら国や自治体が「変えなさい」と大号令をかけても、現場はそう簡単に変われるものではありません。黒板とチョーク、教科書を使った一斉講義型の授業は、約１５０年にもわたり、日本の学校に連綿と受け継がれてきたものだからです。

そんな中、熊本市が着目したのがＩＣＴでした。児童生徒用のデジタル端末を各学校に導入することで、教師が「教える」授業から子供が「学びとる」授業へ、子供を主語とした授業への転換を図れるのではないかと考えたわけです。

考えてみれば、実社会では過去20年の間でデジタル化が大きく進み、多くの人々がパソコンやタブレット端末、スマートフォンなどの電子デバイス、クラウドサービスやアプリケーションなどのソフトウェアをフル活用しながら仕事をするようになりました。ＩＣＴの活用が進んだ理由はごく単純なもので、そのほうが仕事のクオリティが高まり、効率化が図れるからです。

一方で、学校に目を向ければ、ＩＣＴの活用はほとんど進んでいませんでした。ＯＥＣＤが２０１８年に実施した調査では、ＩＣＴを活用した授業が行われる頻度は、日本が加盟国中最下位というデータも示されています。

熊本市の学校も、２０１７年以前は週に数回、パソコン室を使用した授業を行う程度でした。そうした状況がある中で、学びのクオリティを高める上でも、効率化を図る上でも、学校のＩＣＴ化は不可欠だと考えたわけです。

次の問題は予算です。学校のＩＣＴ化の方針が決定した当時、まだ国の「ＧＩＧＡスクール構想」に基づく補助金制度はなく、市の独自予算で端末の整備を進める必要がありました。さしあたり、「児童生徒３人に1台分の端末」と「各普通教室に1台の電子黒板」を整備する計画を立てましたが、その試算は約40億円にも上りました。政令指定都市とはいえ、簡単に拠出できる額ではありません。

しかし、幸いにして大西市長も「学校教育の充実に向けて、ＩＣＴ化は不可欠」との認識をもっていました。学校のＩＣＴ化については、世間的にまだ賛否分かれる状況ではありましたが、日頃からＳＮＳを活用し、市役所のＩＣＴ化にも取り組んでいた大西市長は、子供たちが端末を使って学ぶことのメリットは、デメリットよりはるかに大きいと感じていたのです。そうして予算が承認され、「３年間で端末整備率政令指定都市ナンバー１にする」という、熊本市の一大プロジェクトが幕を切って落とされたのでした。

わずか1年で端末の使用が「当たり前」に

そうした経緯があって、熊本市では2018年9月に24校の先行導入校に、2019年4月に全小学校に、2020年4月に全中学校に、それぞれ児童生徒「3人に1台」分のデジタル端末（iPad）が導入されました。同時に、教師用の端末も1人1台ずつ導入されました。当時を振り返って、多くの先生方は「戸惑いがあった」といいます。それ以前は、どの学校も40台のパソコンが設置されている専用の教室が1つあっただけで、そこにいきなり数百台もの端末が「押し寄せた」のですから当然のことでしょう。まさに今、「GIGAスクール構想」によって全国で起きているような状況に、熊本市の学校・教職員も直面していたわけです。

しかし、結論からいえば、1年も経たないうちに、多くの学校・教室で端末を使った授業がごく当たり前に行われるようになりました。左ページの図は、2019年2学期における熊本市立楠小学校の端末使用率です。導入から約1年後のデータですが、ご覧いただいて分かるように、ほとんどの週で使用率が60％を超え、12週目は実に84％を記録しています。3人に1台の端末が、ほぼフル稼働に近い形で使われていたことが分かります。

同校の教員は、当時を振り返って「端末が先に予約されていて使えない授業もあった」「もっと端末がたくさんあればいいのにと何度も思った」といいます。きっと、1人1台体制となった現在は、水を得た魚のように活用していることでしょう。

その後、同校では次から次へと端末の新しい活用法が開発され、教職員間に伝播していきました。2019年当時、同校で校長を務めていた同市教育センターの本田裕紀副所長は、「こんなにも授業が変わるものかと驚いた」と振り返ります。

もちろん、導入当初は熊本市でも「使われなかったらどうしよう……」という懸念が、全くなかったわけではありません。そんな中、なぜこれだけ短期間に活用が進んだのでしょうか。この点は、後ほどPART2～4で詳しく見ていきたいと思います。

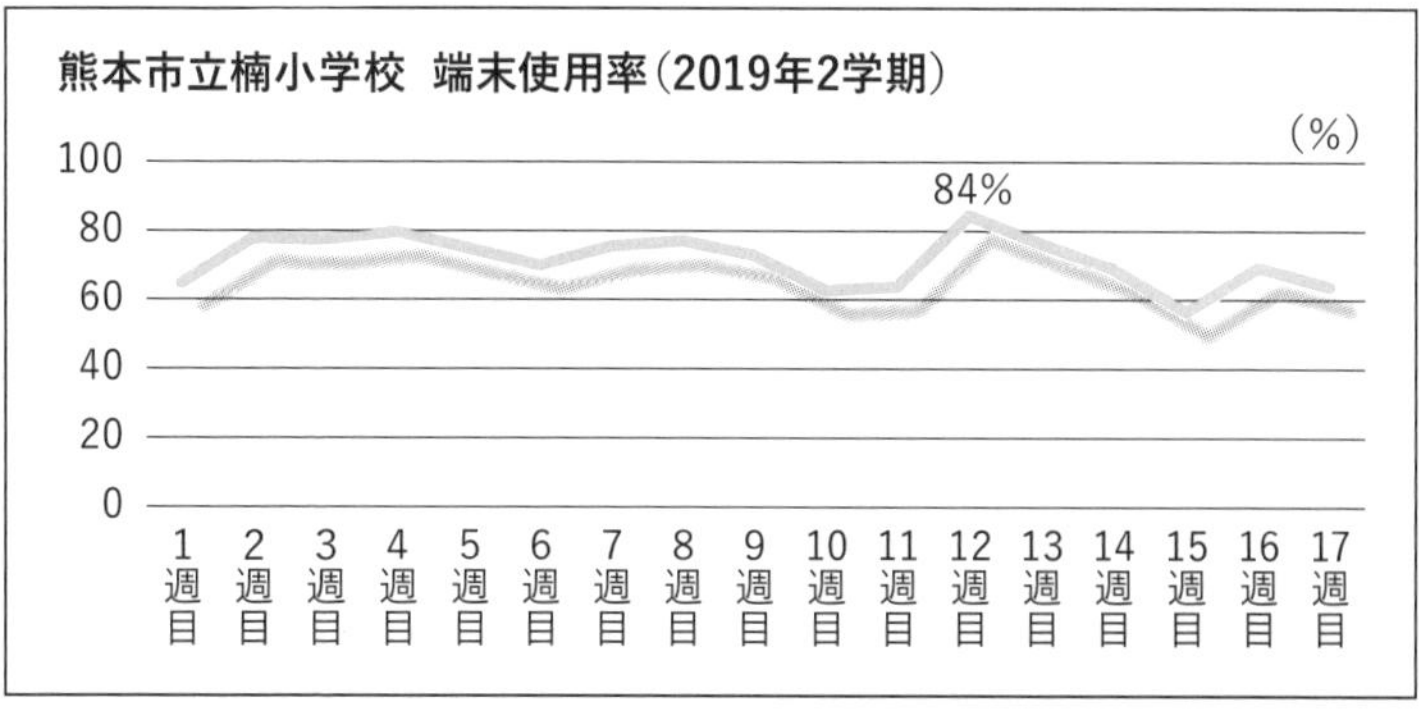

では、これらの端末を使って、熊本市では実際にどんな授業が行われているのでしょうか。いくつか具体例を紹介しながら、熊本市の「ICTを活用した授業改善」の基本的な考え方を解説していきます。

次に紹介する実践は、端末が導入されて間もない頃に、熊本市のある小学校の6年生で行われた道徳科の授業です。教材は「門番のマルコ」（日本文教出版）。授業の冒頭、子供たちに次のような課題が出されました。

マルコは、王様のお城を守る門番です。お城の門は、「戦に行くときしか開けてはいけない」という決まりがありました。王様が決めたものです。ところがある日、狩りに出かけた王様が、高熱を出して戻ってきました。王様はマルコの門を通れば近道になることを思い出し、そこへ向かいました。王様が来たとき、マルコは門を開けるべきでしょうか。

授業の大まかな流れは、子供たちに門を「開ける」か「開けない」かを聞き、その理由を書かせて、発表させるというものです。

この授業で活用されたのは、「ロイロノート」という授業支援アプリです。子供たちはまず、自分がマルコなら門を開けるかどうかを考え、「開ける」場合は青色のカード、「開けない」場合は赤色のカードをアプリの「提出箱」に出します。すると、その結果が教室前方の電子黒板に表示されます。また、子供たち1人ひとりの端末にも、結果を表示することができます。

続いて子供たちは、「開ける」あるいは「開けない」と考える理由と根拠をカードに入力し、同じく「提出箱」に出します。すると、その結果が同じく電子黒板に表示されます。

こうした授業は、ロイロノートのような授業支援アプリが端末に入っていて、電子黒板や大型スクリーンさえあれば、比較的簡単にできます。もし、カード提示機能が端末に入っていない場合は、表面が青色、裏面が赤色の紙を配付し、それを子供に撮

門を「開ける」なら青色、「開けない」なら赤色のカードを提示。結果が、電子黒板に表示される

その後、「開ける」「開けない」と考えた理由と根拠を入力して、「提出箱」に出す

影・提出させるという方法もあります。ＩＣＴを活用した授業としては、ごく初歩的な実践といえるでしょう。学級会で特定の議題について話し合い活動を行う際にも、同じような活用方法は可能です。

さて、こうした活動でＩＣＴを活用する意義とは何なのでしょうか。決して、「端末を操作する技能が付く」といったものではありません。「ＩＣＴはツールにすぎず、それ自体が目的ではない」という認識は、すでに多くの関係者がもっていると思いますが、熊本市では早い段階からこの点を徹底してきました。ＩＣＴ活用の目的はあくまでも「授業改善」であり、教育活動の質を高めることです。

もし、この授業でＩＣＴを使わなければ、門を「開ける」「開けない」理由を全体に向けて発表できる子供は数人だけになります。恐らく、挙手した子供を担任が指名し、それら一部の意見を「都合よく」集約する形で、授業は進められるでしょう。

一方、ＩＣＴを活用すれば、子供たちはクラス全員の意見を瞬時に、知ることができます。30人のクラスなら、30人分の意見を知り、考えを深められます。通常の「挙手→指名→発表→板書」という流れよりも効率的な上に、全員に発表の場が与えられることで、学習意欲を高めることもできます。こうして回答や意見を手軽に共有（シェア）でき、全員に「意見表明権」

が保障されるのは、ＩＣＴの大きな強みといえます。

「個別最適化された学び」は主たる目的ではない

「1人1台端末」の最も手軽な実践例としてよく話題に上るのは、ドリルアプリの活用です。知識・技能の定着を図る上では有効で、熊本市でも多くの子供たちが「ドリルパーク」や「Ｑｕｂｅｎａ」などのアプリを使って学力の定着を図っています。

今から約10年前、２０１１年に文部科学省が「学びのイノベーション事業」という報告書を公表しました。ここでは、「一斉学習」「個別学習」「協働学習」の3つの場面ごとに、端末を使った学習活動例が示されています。

この3つの場面の中で、最も多くの例が紹介されているのは「個別学習」です。報告書には、「1人ひとりの学習履歴を把握することにより、個々の理解や関心の程度に応じた学びを構築することが可能となります」と、その有用性が謳われています。

こうした学習はその後、「個別最適化された学び」として中央教育審議会の答申（２０２１年1月）にも盛り込まれるなど、全国的に注目を集めるようになりました。今後は、子供たちの学習履歴を「教育ビッグデータ」として蓄積し、これを集計・解析することで、1人ひとりの能力や習熟度に応じた学びを提供していくことも、国レベルで検討されています。

「個別最適化された学び」は、確かに重要ですし、今後ますます広がっていくでしょう。しかし、こと熊本市においては、ドリルアプリなどを活用した「個別学習」が、学校ICT化の主たる目的とはなっていません。最上位目的は「授業改善」であり、教育センターの本田副所長は「子供が問いをもって、自分たちで『調べる』『撮る』『記録する』『考えを深める』『アウトプットする』ためのツールとして、デジタル端末は導入された」と話します。つまり、子供たちの協働的な「学び合い」を創出するためのツールとして、ICTが位置付けられているのです。

実際に、熊本市の学校では、「調べる」「撮る」「記録する」「考えを深める」「アウトプットする」活動場面で、校種や学年を問わず、端末が活用されています。例えば、国語科では子供たちが2人1組となって互いの音読を「撮影」「記録」し、それを見せ合う学習活動が行われています。子供たちは、自分が音読している姿を視聴しながら課題を把握し、改善を重ねていきます。この「撮影（記録）→視聴→改善」という活動は、体育のマット運動、音楽の楽器演奏などにおいても行われ、技能の向上に役立てられています。

「考えを深める」という点では、端末を活用したペアワークやグループトークも、多くの学校で行われています。例えば、ある中学校では国語の授業で端末を活用し、「句会を開こう」という取り組みを行いました。生徒たちがお気に入りの画像を見つけてきて、その写真に合う俳句をつくるという学習活動です。生徒たちが選んだ写真は、果物、桜、星空、風鈴、教室などバラエティに富んでいて、個性的な作品の数々をつくりあげました。ここまでは「個別学習」ですが、生徒たちは完成した俳句をグループ内で発表し、互いが感想を寄せ合うなどして、ものの見方や考え方を深めました。こうしたグループ活動、すなわち「協働的な学び」は、端末

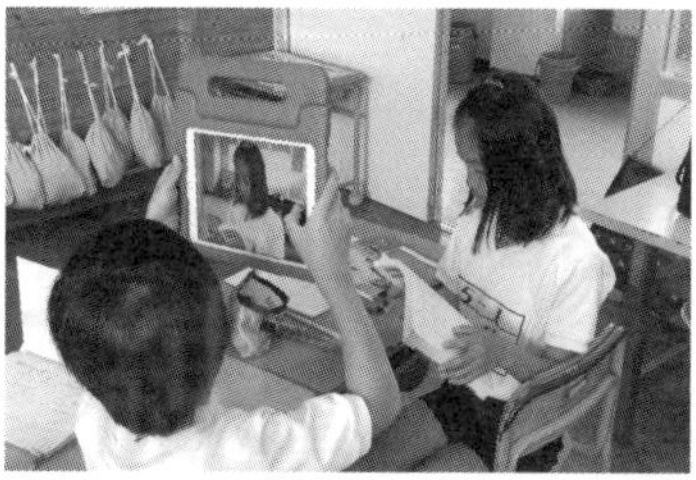
音読の撮影（国語）

マット運動の撮影（体育）

リコーダー演奏の録画（音楽）

写真を見せながら自作の句を発表

の活用によって活発化したと同市の関係者は口をそろえます。

ICTを使うべきは教師ではなく子供

熊本市の学校の授業を見ると、あらゆる場面で教師ではなく子供自身が端末を使っている姿が見られます。中でも、プレゼンテーション資料の作成やそれを使った発表など、「アウトプット」の場面で、子供たちが積極的に活用しています。

従来までの学校で、最もよく行われてきたICTの活用法といえば、「教師による教材提示」でした。古くはOHP、近年はプロジェクターや電子黒板を使って教科書や教材を映し、それを子供たちが見て理解を深める。そんな授業が、多くの学校で行われてきました。デジタル教科書も「指導者用」を中心に普及し、法改正で「学習者用」が使えるようになったのはつい最近（2019年4月）のことです。加えて1人1台の端末もそろっていなかったことから、子供たち自身がICTを活用する場面は、パソコン教室で行われる一部の授業に限られてきました。

もちろん、「教師による教材提示」自体を否定するわけではありませんが、教師が「教える」授業から子供が「学びとる」授業へ、「インプット」中心の授業から「アウトプット」中心の授業へ転換を図るには、やはり子供自身がICTを活用する場面を増やしていく必要があります。

1人1台環境が整った今、この点は各学校が乗り越えていくべき課題の1つといえるでしょう。さらにいえば、「教師の教材提示」に終始していては、GIGAスクール構想が目指す本丸には、いつまで経ってもたどり着けません。

その点、熊本市では小学校低学年の段階から、ICTの活用が「子供主体」で行われています。例えば、ある小学校では生活科の学校探検で、1年生が端末を活用しました。学習活動の具体的な流れは、次の通りです。

自身が作成したプレゼン資料を電子黒板に映しながら発表する生徒

①アサガオなどの植物の種をまく
②植物が発芽し、双葉から本葉、つるが伸びて花を咲かせる様子を端末で撮影
③ロイロノートなどの授業支援アプリを活用して、撮影した写真に気付いたことを手書きで書き込む
④それらの写真を時系列に並べて、植物の成長過程を振り返る
⑤コメント付きの写真を友達同士で共有

教材：「きれいに さいてね」（東京書籍『あたらしいせいかつ』）

植物を観察し、写真を撮影（②）

写真を見ながら、気付いたことを書く（③）

友達同士で気付きを共有（⑤）

右ページの写真は、実際の活動の様子です。授業者の先生は「これまでは植物をスケッチしていたが、そのときよりも子供たちは熱心に取り組んでいた。気付きを書き込む際には、写真を熱心に観察していた」といいます。

こうして見ても、小学校低学年でも、ＩＣＴを活用して「アウトプット」することが十分に可能であることが分かります。また、ＩＣＴを活用することで子供たちがより主体的に取り組んでいる様子、学びに深まりが出ている様子も、うかがうことができます。

「思考ツール」を使って自分の考えを整理する

子供たちが自分や班の考えをまとめ、発表する際、よく用いられているのが「思考ツール」です。ロイロノートに搭載されていて、代表的なものに「ベン図」「Yチャート」「ピラミッドチャート」「フィッシュボーンチャート」「クラゲチャート」などがあります。子供たちの多様な考えを整理する際に便利で、熊本市の学校ではグループでの話し合い活動などでも使われています。

下の図は、とある小学校での活用例です。「自動車の事故が減っている理由を考えよう」という課題で子供たちが意見を出し合い、「クラゲチャート」にまとめたものです。まだ作成途中のものですが、クラゲの頭の部分には、「自動車会社のおかげで事故が減っている」とあり、そこから伸びている足の部分に「衝突安全ボディー」「SRSエアバッグ」「自動ブレーキ」など、要因が書かれています。

こうして考えを可視化することで、子供たちは課題を構造的に捉え、自分の言葉で説明する力を付けることができます。


また、ある小学校では、間もなく入学してくる1年生とその保護者に向けて、5年生が学校案内（パンフレット）をつくる際、話し合いの内容を「フィッシュボーンチャート」にまとめました。子供たちは、魚の頭の部分に「なか

クラゲチャート

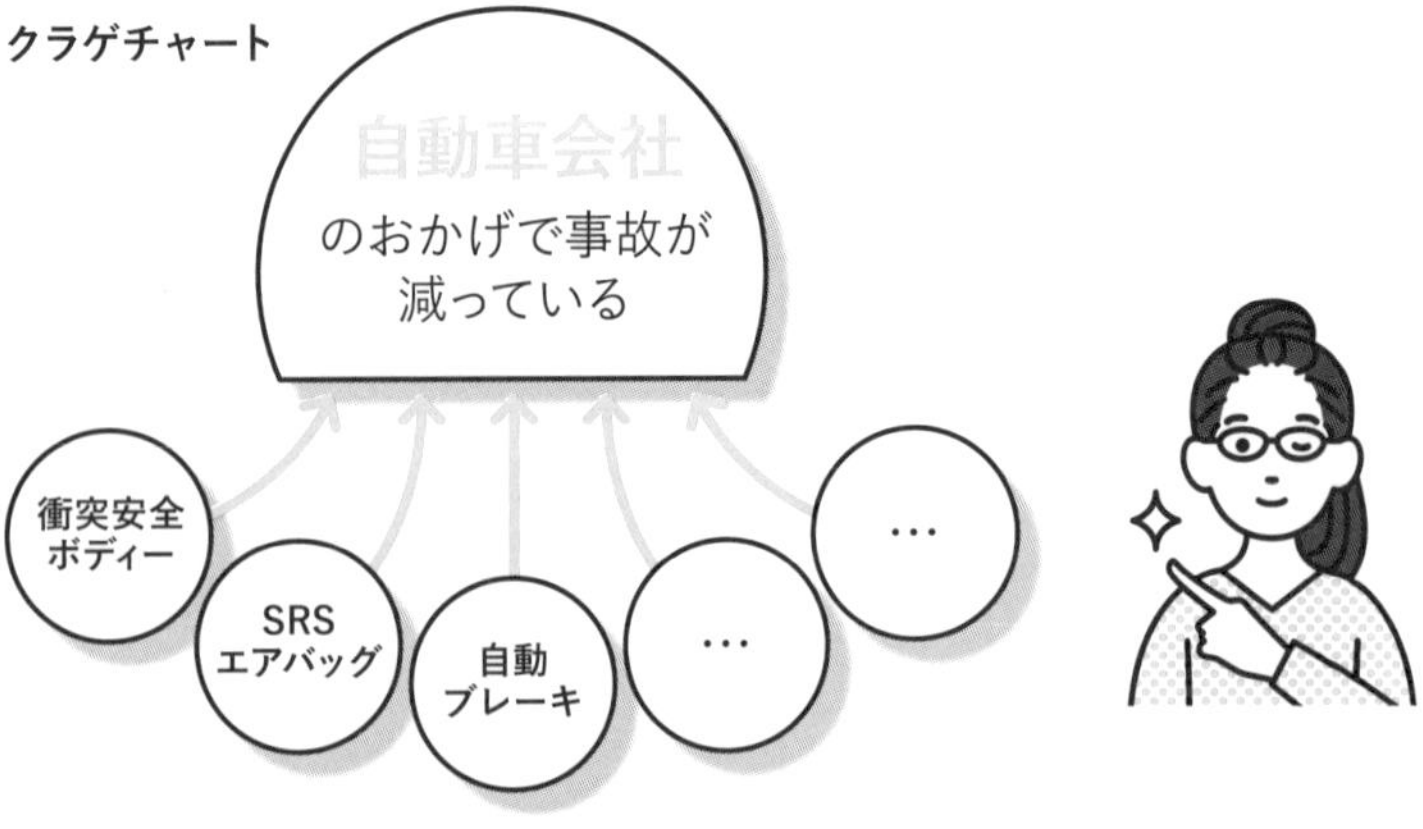

自動車会社
のおかげで事故が
減っている
衝突安全
ボディー
SRS
エアバッグ
自動
ブレーキ
…
…

よく伸びよう、楽しく学ぼう」という学校のキャッチフレーズを書き、そこから派生する骨の部分には、学校の活動内容を書き込んでいきました。

熊本市内の学校を取材すると、子供たちが日常的に「思考ツール」を使いながら、プレゼンテーション資料を作成している姿を見かけます。特段、市教委が活用を呼び掛けているわけではありませんが、ICTを子供たち自身に活用させること、「アウトプット」する力を高めることなどを意識する中で、自然と活用が広がっていったようです。

正解のない問いに向き合う「PBL」で威力を発揮

ここまで紹介してきたのは、導入初期における実践です。クラス全員の意見を電子黒板で共有する、音読や実技の動画を撮影して見せ合う、ペアで端末を操作しながら考えを

フィッシュボーンチャート

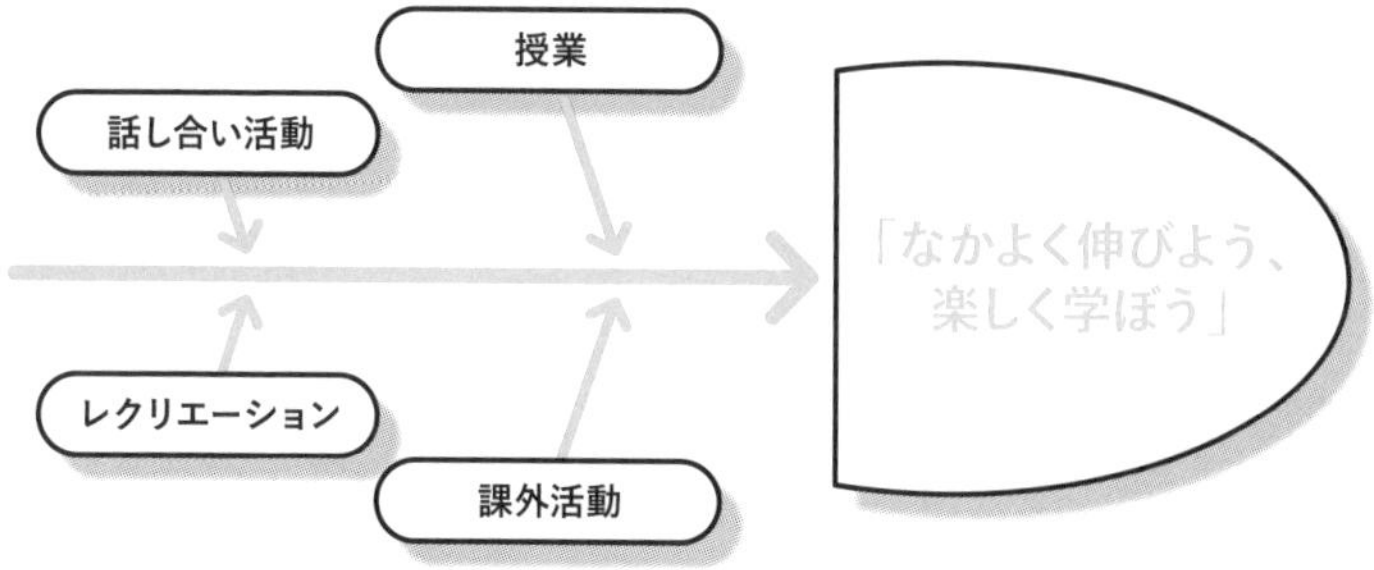

深める、班活動で端末を使って自分の考えを説明する……。こうした学習活動が、熊本市では教室から教室へ、学校から学校へと広がっていきました。教育委員会が大号令をかけるわけでもなく、自然と水平展開されていったのは、「ＩＣＴを活用すると、学びの質が高まる」という手応えを多くの教員が実感したからにほかなりません。

中でも、ＩＣＴが強みを発揮しているのは、子供たちが正解のない問いと向き合い、解決に向けて取り組むＰＢＬ（Project Based Learning）においてです。ＰＢＬは一般的に、①課題設定→②情報収集→③整理・分析→④まとめ・表現→⑤振り返り・改善のプロセスで進められますが、そのすべての段階で、ＩＣＴの活用が威力を発揮します。

具体的な実践例を１つ紹介します。熊本市立城南小学校では、５年生が社会科の7時間（コマ）を使って「自動車会社に未来の車を提案する」というグループ活動に取り組みました（授業者：宮津光太郎先生）。大まかな流れは、左ページの表の通りです。

「未来の車」を考えるにあたって、子供たちはまず、「現在の車」がどのようにつくられるかを知ろうとしました。もちろん、教科書には載っていないので、端末を使って「NHK for school」や自動車会社のウェブサイトを調べます。インターネットを使った情報収集については、パソコン教室での授業でも行われていましたが、デスクトップ型PCと違うのは、子供同士が活発に交流しながら、情報収集が進められることです（次ページ写真参照）。「こんなサイトがあったよ」「こんな情報があるよ」などと、子供たちは情報交換を行いながら調べることで、収集する情報の質を高め、効率化を図ることができます。

次に、調べた情報をもちよって、新聞をつくります。ここで用いるのはロイロノートや「MetaMoji（メタモジ）」などの授業支援アプリです。中でも便利なのはMetaMojiで、1つのファイルを複数人で共有し、リアルタイムで編集ができます。例えば、ある子供が新聞の上半分、ある子供が下半分といった形で、同時進行で新聞をつくれるのです。

余談ですが、MetaMojiでの作業は、ネットでつながってさえいれば、場所を問わずできます。熊本市内のある中学校では、生徒同士が「夜8時から一緒に作業しよ

熊本市立城南小学校第5学年「自動車会社に未来の車を提案する」の学習計画

時間	活動内容
1	ミッションを知る。問いをつくる。
2	学習計画、ルーブリックをつくる。
3	情報を集める（教科書）→問いを出し合う。
4	情報を集める（教科書以外）→問いを出し合う。
5	情報を整理して新聞をつくる。
6	新聞を交流して、相互評価をする。
7	相互評価をもとに新聞を完成させる。

う」などと連絡を取り合いながら、社会科のプレゼン資料を共同制作するなどの取り組みも行われていました。テレワーク化が進む実社会においては、クラウド上で複数人が共同作業をするなどの活動が行われていますが、それと似たようなことに、熊本市の子供たちは取り組んでいるのです。

なお、ICTの活用とは直接的に関係しませんが、この学習活動では2時間目に「学習計画、ルーブリック（評価規準）をつくる」とあります。通常、学習計画や評価基準（規準）は教師がつくりますが、これ自体を子供たち自身が作成したのです。こうした実践も「主体的に考え行動する力を育む」という市の基本方針を反映したものです。

交流しながらの情報収集

授業後の「振り返り」の量が増え、質も高まった

こうしてICTの活用が広がる中で、どのような成果が出ているのでしょうか。

率直なところ、学校教育の成果を数値化するのは難しく、特に学力と違って「主体性」や「自律性」を測るのはなかなか難儀です。定量化できるものとして挙げられるものがあるとすれば、子供たちの「振り返り」の量が増えた点です。熊本市内の学校を取材で回る中、多くの先生が「ICTを活用するようになってから、振り返りの量が増え、質も高まった」と話していました。実際に、どのくらい増えたのか、具体例を見せてくれた先生もいました。

2018年度まで熊本市立楠小学校の校長を務めていた本田副所長は、当時「振り返りを行う際の視点」として、次の8つを示していました。

①わかったこと、できるようになったこと
②わからなかったこと、できなかったこと
③友達の考えを聞いて思ったこと
④自分の考えが変わったこと
⑤自分にとって役に立ったこと
⑥生活に生かしたいこと
⑦疑問に思ったこと
⑧もっと知りたいこと

もちろん、この8つすべてを網羅するのは難しいので、ここから1～2項目を選んで書くよう、各教員から子供たちに伝えていたとのことです。③④は友達との「対話的な学び」を通じて得られたこと、⑤⑥は「実社会とのつながり」に関わる学び、⑦⑧は「深い学び」に関わる視点です。「主体的・対話的で深い学び」や「社会に開かれた教育課程」を提唱した新しい学習指導要領を意識していることが分かります。単なる「授業後の感想」ではなく、そうした視点からの「振り返り」において量や質が高まったのだとすれば、それはICT活用における授業改善の大きな成果といえるかもしれません。

ICTの活用が「振り返り」の量と質を高める一方、質の高い学びの中でこそ、「振り返り」が生きてくる側面もあります。左ページ下の図は、アメリカの組織行動学者であるデービッド・コルブが提唱した「経験学習モデル」です。①具体的経験→②内省的省察→③抽象的概念化→④能動的実験とあり、このサイクルを通じて、人は経験を学びに変えることができるとコルブは指摘しています。

図内にはやや小難しい言葉が並んでいますが、本書の監修者である前田康裕先生が、これを学校での学びに置き換えて、次のように説明してくれました。

①具体的経験…日々の授業、学習活動
②内省的省察…自分自身の経験を多様な観点から振り返る
③抽象的概念化…学んだことを応用できるようにすること
④能動的実験…新しい状況で実際に試してみること

学校教育において、このサイクルを上手に回すことができれば、子供は学んだことを実生活の中で生かすことができるでしょう。ただし、ポイントとなってくるのは、①の「具体的経験」です。これが、単なる知識の詰め込みでは、②の「内省的省察」での振り返りが薄っぺらいものになってしまいます。ここで、きちんと「内省的省察」、すなわち「振り返り」をするためにも、①の授業や学習活動が具体的な経験、すなわち子供が「主体的に考え行動」するようになっていることが大切なのです。その点でも、教師が「教える」授業から子供が「学びとる」授業への

コルブの「経験学習モデル」

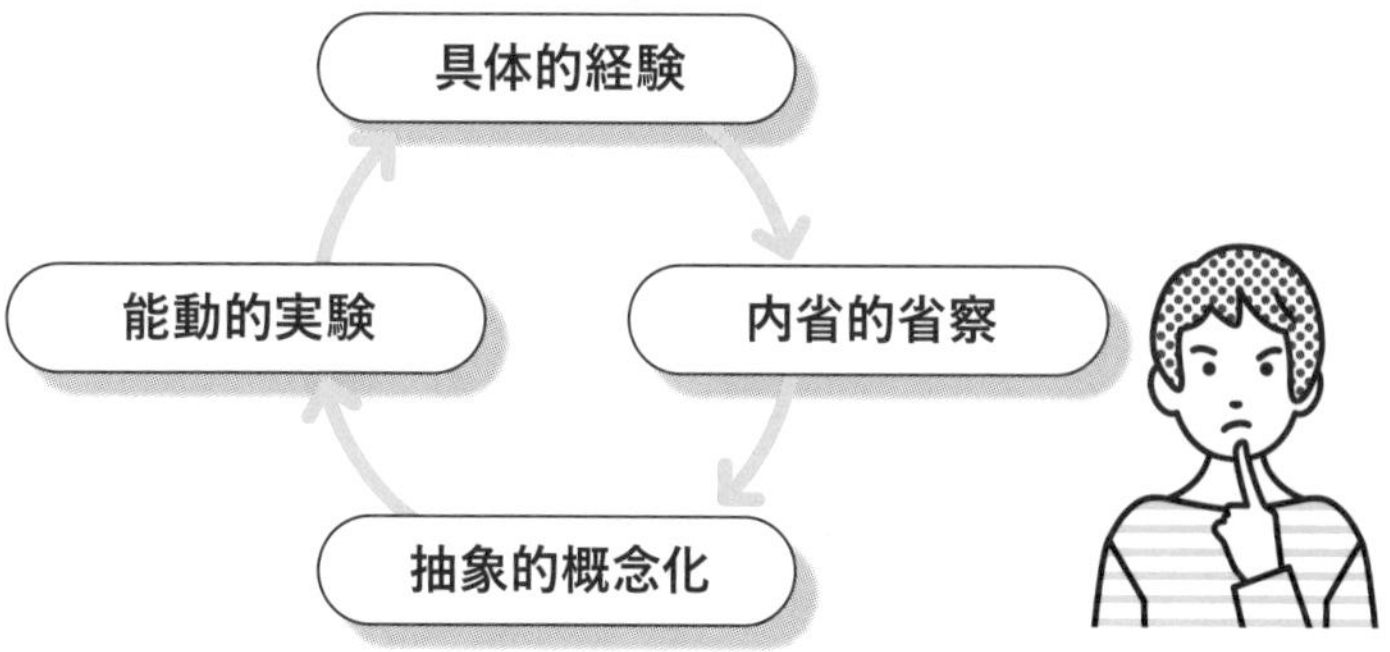

転換を図っていくことが不可欠です。

教科の枠を超えた「生きた知」を習得する

私たちは普段、生活をする中でいろいろな知識・技能を用いています。道順を間違えずに目的地へ行けるのも、美味しい料理をつくれるのも、人と楽しく会話できるのも、多くの知識・技能があって、それを適切に活用する力があるからです。

しかし、私たちはそれらの知識・技能を活用するとき、教科の区分で考えることはありません。「これは数学のあの知識を使おう」などと考えず、あらゆる分野・領域の知識を必要に応じて引っ張り出しながら、頭の中で同時並行的に処理をしています。

一方で、学校の学びは「教科」という枠によって、区切られています。漢字は国語、計算は数学、歴史は社会といった具合にです。そして、そこで学んだことが実生活の中で「使える」という認識が薄いことは、国際的な学力調査などでも指摘されています。

つまり、授業で学んだことを「生きた知」にし、実生活で活用できるようにするには、教科の枠を超えて、知識・技能を活用する学習場面を用意することが大切になってきます。この点は、平成29・30年度に告示された新しい学習指導要領においても「教科等横断的な学び」として提唱されています。

とはいえ、複数教科にまたがる学習場面を用意するのは、簡単ではありません。特に中学校は、教科担任制が敷かれていることから、教科間の壁を乗り越えた学びを計画するのは難しいものがあります。

そうした中、最も手っ取り早いのはPBL型の学びを取り入れることです。例えば、先述した「未来の車を考える」という学習活動は社会科の授業ですが、環境にクリーンな動力について考えれば理科の知識が必要になりますし、その燃費などの計算には算数（数学）の知識が必要となります。あるいは、デザイン的なものを考える際には図工（美術）の知識が、海外の自動車について調べるには外国語の技能が、必要となります。

端末や教科書を使って情報を集める子供たち

こうして課題の設定、情報の収集、整理・分析、まとめ・表現、振り返り・改善というサイクル（＝情報活用能力の育成にもつながるサイクル）の中で、いろいろな教科の知識・技能を習得していくような授業をプロデュースできれば、子供たちが学んだことは実社会で活用できる「生きた知」となるはずです。そして、そうした学習活動の質を高める上で、ＩＣＴは必要不可欠なツールなのです。

PART 2

教師の自由で創造的な実践を引き出す
―教育委員会のマネジメント―

このPARTでは、熊本市教育委員会が端末導入とともに取り組んだ研修や活用のルールづくり、組織体制の整備といったマネジメントについて見ていきます。熊本市教育委員会が目指しているのは「日本一自由に使える端末環境」です。

セルラーモデルの端末を子供と教師に1台ずつ配付という「英断」

このPARTでは、教師による端末の活用促進のために、教育行政がどのような条件整備を行い、どのような運用方針を敷いたのか、熊本市教育委員会が行った画期的なマネジメントについて見ていきたいと思います。

まずは、ハード面についてです。「GIGAスクール構想」によって導入した端末は、自治体によって異なります。ウィンドウズ10OSのノートパソコンを導入した自治体もあれば、Chromebook（クロームブック）を導入した自治体、iPadを導入した自治体もあります。また、インストールされているアプリも、自治体によってまちまちです。さらに、無線LAN（Wi-Fi）が飛んでいない家庭のために、モバイルルーター（ポケットWi-Fiなど）を導入した所もあります。

どのような設備・環境を整えるのがベストなのか、現時点はまだ何ともいえません。今後、各地の自治体でさまざまな実践が行われ、試行錯誤が重ねられる中で、最善に近いものが見えてくるでしょう。そうした前提を踏まえ、参考までに熊本市の学校がどのようなICT環境を整えているのかを紹介します。

まず、端末は、ｉＰａｄセルラーモデル（第6世代／9・7インチ／32Ｇストレージ）です。端末を何にするか、どの自治体も頭を悩ませたと思いますが、熊本市も２０１８年度に３人に１台分の端末を導入する際、関係者間で協議を重ねました。最終的に、セパレート型のウィンドウズＰＣにするか、キーボードを付けたｉＰａｄにするかの二者択一となり、市内２校で３カ月間の実証実験を行った上で、ｉＰａｄに決定しました。実際に使用した教員から、操作性やバッテリーの駆動時間、通信トラブルの有無などで優れているとの声が多かったからです。

特筆すべき点は、「セルラーモデル」の端末を導入したことです。セルラーモデルのｉＰａｄには、端末そのものに通信機能が備わっているため、無線ＬＡＮが整備されていない所でもインターネットに接続できます。そのため、修学旅行や校外学習に持参しても、何不自由なく使えます。２０２０年４～５月の休校期間中、熊本市が市内全校でオンライン授業を実施できたのも、セルラーモデルを導入していたからだといえます。

問題は通信料ですが、熊本市の場合、１端末当たりの月の容量を「３Ｇ」（現在は７Ｇ）とし、台数分を全体でシェアする契約をＮＴＴドコモと結んでいます。端末１台当たりの費用は、通信料やアプリ、ＭＤＭ（51ページ参照）、研修、故障時の対応などを含めて月額２５００円程度です。この単価で契約できたのは、全体で６万３５００台もの大型契約だったからで、契約台数が少なければ同じようにはいかないと思われます。

なお、熊本市では３人に１台分の端末を整備した際、教員にも１人１台ずつ、同仕様のｉＰａｄを配付しました。すでに校務併用のノートパソコンが教員に１人１台ずつ配備されていたことを考えれば、かなりの大盤振る舞いといえます。しかし、結果的にこの措置が、活用・促進を図る上で大きな役割を果たしました。

また、端末のほかに、ディスプレイ型の電子黒板（65インチ）をすべての普通教室に配備しました。そのため、ＰＡＲＴ１でも紹介した「クラス全員の意見を共有する」などの活動も、すべての教室で行うことができるようになりました。

さらには、実物投影機も全普通教室に配備しました。こちらは、教科書の本文を表示したり、理科の観察・実験の様子を映し出したり、子供の作品を共有したりする際に活用されています。これら電子黒板と実物投影機は、市内すべての普通教室に同一の機種が入っているため、教員は異動しても戸惑うことなく活用できます。

将来を見据え異なる端末・ＯＳでも使用できるアプリを導入

端末の場合、一度納入したら、次回更新時期まで変更することはできません。つまり、多少の不便さはあっても、4～5年はその端末を使う必要があります。一方、アプリに関しては、端末とセットでインストールされている一括契約のものを除けば、比較的自由に入れ替えができます。

熊本市の場合、端末がｉＰａｄなので、あらかじめカメラ、ＷＥＢブラウザ、地図、時計、「Ｐａｇｅｓ（ワープロ）」、「Ｎｕｍｂｅｒｓ（表計算）」、「Ｋｅｙｎｏｔｅ（プレゼンテーション）」、「ＹｏｕＴｕｂｅ（動画視聴）」、「ＧａｒａｇｅＢａｎｄ（音楽制作）」などのアプリはインストールされています。また、それ以外に、端末との一括契約で、次のアプリがインストールされています。

【ロイロノート・スクール】
授業支援アプリ。簡単な操作で発表資料を作成して提出したり、それを児童生徒間で共有したりできる。データはクラウド上で保存されるため、ＩＤとパスワードを入力すれば、どの端末からでも自分のデータにアクセスできる。

【ＭｅｔａＭｏＪｉ ＣｌａｓｓＲｏｏｍ】
同じく授業支援アプリ。ロイロノートとの違いは、１つのファイル上で複数人が同時に作業できる点。教師の書き込みを児童生徒がリアルタイムで見ることもできる。同じくデータはクラウド上に保存される。

【ドリルパーク】

ドリルアプリ。一問ごとにすぐ正誤判定がされ、間違えた問題だけ解き直しができるなど、主として知識・技能面の向上が図れる。学習履歴が個別に可視化され、全問正解・連続正解でメダルが獲得できるなど、学習意欲を高める工夫がされている。

これら3つのアプリに共通するのは、端末の種類、OSの種類を問わずに利用できる点です。iPadでもクロームブックでもウィンドウズPCでも、ほぼ同じような操作感覚で使えます。そのため、数年後にOSの異なる端末に切り替えたとしても、子供も教師もそれまで通りに使うことができます。あるいは、将来的にBYOD方式（家庭が端末を購入する方式）になり、子供によって所有する端末が異なるようになっても、何ら問題がありません。

現状、流通しているアプリの中には、特定の端末・OSでしか使用できないものもあります。もちろん、そうしたアプリを使っては駄目という話ではありませんが、中長期的に見れば、端末・OSを問わずに使えるアプリを使うのが得策といえます。

このほかに、熊本市では、経済産業省のEdTech導入実証事業を活用して、2020年度は一部の学年の端末にQubenaや「English 4 skills」などのドリルアプリがインストールされています。Ｑｕｂｅｎａは、ＡＩが搭載された数学のドリルアプリで、学習履歴からつまずきのポイントを把握し、弱点を補強するような問題を出してくれます。

これらのドリルアプリを家庭学習で使っている熊本市の中学生に話を聞いたところ、「全問正解するとポイントやメダルがゲットできて楽しい。ゲーム感覚で学べる」「問題に取り組める数が、これまでより2倍くらい増えた」「友達と競争し合ううちに、自然に覚えていく」などの声が寄せられました。協働的な学びだけでなく、個別学習においても、端末の導入が効果を発揮していることが分かります。２０２１年度からは学校単位で必要なアプリを導入するようにしています。

活用の「分水嶺」は家庭への「持ち帰る・持ち帰らない」問題

「ＧＩＧＡスクール構想」に基づく条件整備をめぐって、大きな論点となっているのが、端末の「持ち帰り」を認めるか否かです。各学校に委ねている自治体も多いようで、校長が教員や保護者から意見を聞くなどして決めています。

正確な統計はとれていませんが、持ち帰りを「不可」としている学校も、現状では少なくないように思います。そうした学校では、校内の鍵のかかる部屋に充電保管庫を置き、そこに収納する形をとっています。なぜ、持ち帰りを認めないのか。理由は大きく3つあります。

1つ目は、「故障・紛失」のリスクを防ぐためです。故障・紛失時の対応は、端末の納入業者とどのような契約を結んでいるかにもよりますが、自治体や保護者が負担を求められる場合は、大きなリスクとなります。

2つ目は、「家庭のインターネット環境」への配慮です。現状、自宅に無線LANがある子供もいれば、ない子供もいます。ない子供の場合、Wi-Fiモデルの端末だと、自宅に持ち帰っても、ネットにはつなげず、一部の機能・アプリしか使えません。そうすれば、児童生徒間で不平等が生じることになります。

3つ目は、「子供による不適切利用」を回避するためです。端末にいくら制限をかけても、家庭に持ち帰れば、長時間にわたってゲームや動画に興じる子供は必ず出てきます。子供によっては、布団の中で夜な夜な端末で遊び、寝不足状態で学校に来るなんてことも考えられます。

こうした課題があることは承知の上、熊本市ではすべての子供が、端末を自宅に持ち帰って、家庭でも学習に使用しています。そもそも、各学校には3人に1台分の充電保管庫(2018～2020年度に配備)しかありませんから、学校に置いて帰ることはできません。つまり、児童生徒が持ち帰って、充電をしてくることを前提にした環境設計になっているのです。

では、上述した「故障・紛失」「家庭のインターネット環境」「子供による不適切利用」の3つの課題について、熊本市ではどのようにクリアしているのでしょうか。

まず、「故障・紛失」については、納入業者であるNTTドコモと5年間のリース契約を結んでいるため、故意に壊したなどの場合を除き、自治体や保護者が負担を求められることはありません。また、端末はMDM（Mobile Device Management）で管理されています。これは業務で大量の端末を一元的に管理する仕組みです。万が一紛失・盗難があった場合も、遠隔操作で管理者が位置を把握し、ロックをかけることができます。

次に、「家庭のインターネット環境」ですが、熊本市の端末はセルラーモデルのｉＰａｄなので、自宅に無線ＬＡＮがなくても問題なく使えます。そのため、端末を使って宿題を出すことも、学校だよりや学級通信を出すこともできます。

なお、「ＧＩＧＡスクール構想」では、モバイルルーターを整備する自治体にも、補助金（1台当たり上限1万円）が出ます。そのため、Ｗｉ－Ｆｉ型の端末を導入した自治体の中には、モバイルルーターを別に配備し、家庭に貸し出している所もあります。その際の通信料は、保護者負担のケース（新潟市など）もあれば、自治体負担のケース（つくば市など）もあります。

最後に、「子供による不適切利用」については、「個別対応」を基本方針としています。端末を持ち帰れば、長時間にわたってゲーム・動画視聴などに興じる子は出てきますが、それは一部にすぎません。当初、熊本市では教育センターが個別の通信量をモニタリングし、突出した子供がいる場合は学校に連絡を入れ、個別に対応をしていました。また、現在では各学校でも通信量の把握ができるようになっています。

こうした対応方針を「生ぬるい」という人もいるかもしれません。しかし、子供の不適切利用は、学校の端末にだけ制限をかければすむ問題でしょうか。今は、中学生だけでなく、小学校高学年でもスマホをもっている時代です。たとえ端末の持ち帰りを不可としても、自己所有のスマホで長時間使用すれば、問題の本質は何ら解決しません。つまり、不適切利用の問題は、持ち帰りとは別の次元で考えていくべき課題であり、大切なのは自分で考え、ときには親子で話し合いルールを決めて守る力をつけることです。

端末の持ち帰りにリスクがあるのは確かですが、持ち帰りを不可とし、学校の充電保管庫での保管が基本となれば、「保管庫まで取りに行くのが面倒だから……」という理由で、端末を使わない先生が増える可能性もあります。熊本市内のある先生が、「授業中に何か疑問が生じたとき、端末が子供たちの手元にあればすぐに調べさせられる」と話していましたが、充電保管庫での保管を基本方針にすれば、こうした使い方はできません。その意味でも、持ち帰りを可とするか不可とするかは、ＩＣＴの活用が日常的なものになるか否かの分水嶺になる可能性があります。

活用促進の敵は過度な「使用制限」

熊本市の学校ＩＣＴ化において、最も特徴的なのがセキュリティに対する考え方です。驚くことに、児童生徒用の端末には、最低限のフィルタリングを除いてほとんど制限がかかっていません。

さらに、教員用の端末には、フィルタリングすらかかっていません。つまり、市販のｉＰａｄと全く同じで、ネット上のすべてのサイト、コンテンツにアクセスできます。

実をいうと、熊本市でも導入当初は、ある程度の制限をかけることを前提に進めていました。

これにストップをかけたのが、遠藤洋路教育長です。「当初は、教育委員会の職員が、多くの制限をかけようとしていた。これらの制限をすべて取り払い、教員向けの端末は市販のものと同じように使えて、フィルタリングも一切かけないように指示した」と当時を振り返ります。

全国的に見れば、児童生徒用はもちろん、教員用の端末にも強めの制限をかけている自治体が少なくありません。しかし、制限をかけすぎた結果、端末本来の機能が存分に使えず、教員や子供が不便さを感じているようなケースも多々あります。そうして端末が「使えない」「つまらない」代物と化してしまえば、現場での活用普及の阻害要因となります。

初っぱなから制限をかけるのではなく、当初はなるべく自由に使わせて、何か問題が起きたら個別に対応する――熊本市では、そのような基本スタンスをとっています。「公立学校で日本一、自由に使える端末にするのだ」と、遠藤教育長は繰り返し職員に伝えたそうです。

確かに、セキュリティを強化すれば、生じる問題・トラブルは減ります。教師が余計な指導に時間をとられることも減るでしょう。しかし、セキュリティに守られた「温室」を用意することは、ある意味で子供たちと実社会を隔離することになります。「臭い物にふたをする」のではなく、そうしたリスクも含めて子供たちに経験させ、問題が起これればそのつど個別に指導をして、適切なリテラシーを育んでいく。それが熊本市の方針なのです。

熊本市では、2020年4～5月の休校期間中、子供たちが端末を自宅に持ち帰りました。また、それ以前も学校裁量での持ち帰りを認めていました。そして、2021年1月以降は、1人1台体制が整い、6万人以上の児童生徒が毎日、端末を持ち帰っています。しかし、現時点で大きなトラブルは起きていません。もちろん、通信量が突出して多い子供はいますが、そうした場合は個別に面談を行うなどして、適切に使用できるように支援しています。

今の子供たちは、この先何十年にもわたって、ICTと付き合っていきます。その過程では、SNSでのトラブル、虚偽情報などの詐欺、ゲーム中毒、他人からの誹謗中傷、著作権の侵害など、数々のリスクと直面するでしょう。そんなとき、適切な行動をとれる力も、これからの社会を生きていく上で必要です。そうしたリテラシーを育んでいくことも含め、熊本市では極力制限をかけず、自由に使える端末を導入しています。

子供・保護者向けの「同意書」で、端末使用のルールを徹底

「端末の機能には極力制限をかけない」という方針を敷いている熊本市ですが、その代わりに子供たちのリテラシーを高めていくことに力を注いでいます。例えば、熊本市の教育センター

のホームページでは、「情報モラル通信progress」を月1回配信しており、各学校でも積極的に情報モラル教育に取り組んでいます。

また、端末をわたすに際には、すべての児童生徒・保護者と「同意書」（左ページ参照）を交わしています。端末が公費で導入された備品であることを考えれば当然の措置で、この点はほかの自治体も同様にしているものと考えられます。

熊本市の同意書では、写真や音、映像を撮影・録音するときは相手の許可を得ること、自分や他人の個人情報をネット上に公開しないこと、相手を傷付けたり不快感を与えたりしないこと、不適切なサイトの閲覧や投稿を行わないことなどが、約束事として記載されています。端末をわたす際には、こうした方針を各学校がきちんと説明をすることで、ネット社会における望ましい振る舞いについて、子供たちに考えさせています。

同意書には、不適切な使用をしていないかを定期的に教員がチェックすること、通信量が多い場合は学校から連絡を入れることも記載しています。また、同意書とは別に保護者に配付されるリーフレットには「閲覧履歴などは消去できませんので、使用状況は把握できます」との一文も入れています。こうした文面を入れておくことで、子供たちは自制心を働かせながら、端末を使用します。

保存版　　端末番号（　　　　　　）

熊本市学習用iPadの利用についての同意書

熊本市から貸与された学習用iPadは、学校、家庭での学習用として使用します。

学習用iPadの基本的な使用について
- 毎日学校で使えるようにして（家で充電して）持って行きます。
- 故障や破損があればすぐに保護者や教師に報告します。

個人情報の保護について
- 写真を撮ったり、音や映像を録音・録画したりする時は、相手の許可（肖像権等）を得ます。
- 自分や他人の個人情報をインターネット上に公開しません。

人権侵害について
- 相手を思いやり、傷つけたり、不快感を与えたりしないようにします。

著作権について
- 他人の作品や表現を尊重し、使用するときには許可を得るようにします。

安全性（セキュリティ）やネットワーク上のルール、マナーについて
- インターネットで、不適切なサイトの閲覧や投稿を行わないようにします。
- 教員と保護者が、違法・不適切な使用をしていないことを確認することがあります。
- アカウント名やパスワードは自分で管理します。

健康面について
- 健康面に留意し、時間を決めて使用します。
- 通信量が多い場合、学校から使い方について本人、保護者に連絡し確認をする場合があります。

上記の条件をしっかり守り、学習用iPadを卒業までの期間使用します。

熊本市教育センター所長 様

令和　　年　　月　　日

所属　　：熊本市立　　　　　　学校

児童生徒名：

保護者名　：

1人1台端末の運用面で、難しい点の1つは、子供が破損させた場合の対応です。先述したように、熊本市はリース契約を結んでいるので、基本的に保護者に修理代を請求するようなことはありません。ただし、故意に壊した場合、例えば「カッとして端末で人を叩いた」「悪ふざけで端末を投げて落とした」などの際に、どう対応するかは難しいところです。また、故意ではないにせよ、明らかな瑕疵がある場合、例えば「風呂場で使って水没させた」「調子が悪いので分解を試みて壊れた」などの場合も、判断に悩みます。

こうした故障や破損について、補償範囲の明確な線引きをするのは容易ではありません。ほかの自治体もそうですが、現状ではケースバイケースで判断するしかないといったところです。

教員を集めるのではなく、チームが各学校を回る「導入研修」を実施

「GIGAスクール構想」に基づき、2021年3月までに、大半の自治体が「1人1台」の端末を整備しました。その前後には、恐らくどの教育委員会も教員向けの研修を実施したはずです。実施形態としては、①各校の情報教育主任などを教育センターなどに集める→②指導主事などが活用法を説明する→③研修で聞いた内容を自校に持ち帰って話してもらう、という

流れで集合研修を行った所が多いのではないでしょうか。

しかし、この方法では、ＩＣＴが「得意」「好き」な情報教育主任が、研修で聞いたことを自校に持ち帰り、「苦手」「嫌い」な先生に向けてレクチャーすることになります。それで適切に伝わることもあるとは思いますが、両者の間にスキルや意識の格差があり、活用が広がらない可能性も考えられます。

その点を考慮し、熊本市では3人に1台分の端末を導入する際、教育センターの指導主事やNTTドコモの講師などが6人ほどのチームを編成し、市内すべての小中学校を回って3時間ほどの「導入研修」を実施しました。熊本市には全部で１３４の小中学校があるので、関係者の苦労は並大抵のものではなかったことでしょう。

「導入研修」は、動画のタイムラプス機能※を使って撮影・再生したり、「りんごとバナナのどちらが好きですか?」という質問にロイロノートのカードで回答してもらったり、どの学校もワイワイガヤガヤと楽し気な雰囲気の中で行われました。

その結果、最初は難しそうな顔をしていたベテランの先生方も、次第に表情がほころんでいったといいます。また、途中で「この機能、どんな場面で使えるでしょうか」と問い掛け、グループでのディスカッションなども挟みました。こうした研修を通じて、端末を「授業でも使えそう」と感じた先生は多かったようです。

また、「導入研修」は、どちらかといえばＩＣＴが苦手な先生の目線で行われました。得意な先生にとっては、物足りない側面もあったかもしれませんが、そうした先生はほうっておいても活用するであろうことを考えると、「目線を落とす」ことがポイントの1つといえるでしょう。

今回、端末の整備が急ピッチで進み、コロナ禍の影響もあって、教育委員会にも各学校にも時間的な余裕がありませんでした。そのため、研修が不十分だった所もあることでしょう。もし、端末の活用が広がらないようであれば、あらためて目線を落とした研修を学校ごとに実施するというのも、1つの手といえるかもしれません。

※タイムラプス撮影…「5秒に1コマ」「1分に1コマ」といった形で静止画を撮影し、それをつなぎ合わせて映像化する機能。例えば、一時間の雲の動きを15秒程度の動画にすることができる。

導入研修の様子

各学校に「推進担当教諭」ではなく「推進チーム」を置いた

どんな職場でもそうですが、「ネットにつながらない」「プリンターから印刷ができない」「アプリケーションが固まって動かない」などのトラブルは、必ず起きます。そんなとき、多くの場合、職場の「パソコンに詳しい人」が対応します。学校も同じで、20～30代の情報教育主任がトラブルのたびに呼ばれ、日々てんてこ舞いになっているようなこともあります。

しかし、1人1台の端末が導入されれば、大規模校には700～800台もの端末が入ります。そうなれば、トラブルの頻度も、これまでとは比較にならないほど増えます。もし、情報教育主任が1人で対応すれば、パンクしてしまうかもしれません。

その点を踏まえ、熊本市の学校は「情報化推進担当教諭」ではなく、3～6人から成る「情報化推進チーム」を置くようにしています。チームは「推進リーダー」1人と「サブリーダー」1～2人、「推進メンバー」数名で構成されていますが、ポイントは誰が「推進リーダー」を務めるかです。任命は校長に委ねられていますが、必ずしもICTが得意な人ばかりではなく、ICTは苦手だけど授業力が高い中堅・ベテランも、数多く任命されています。

そもそもこのチームの最上位目標は、「端末の利用促進」ではなく「授業改善」です。そのため、多くの学校では、「指導力に長けたベテラン」と「ICTに長けた若手」による混成チームで編成されています。ベテランは若手に端末の操作方法などを学んで自身の授業で活用し、若手はベテランの授業から端末の効果的な活用法を学ぶという構図です。

チームの具体的な役割としては、以下のようなものが挙げられます。

- 教育センターなどが実施する各種研修への参加
- チーム内での情報共有
- チーム内でのスキルアップ
- 校内研修での役割分担
- ほかの教員のサポート
- チーム制による人材育成

個人ではなくチームにすることのもう1つのメリットは、実践が持続可能なものになる点です。情報教育の黎明期（2000年代前半）、立派なホームページを開設したものの、担当の先生が異動したことで、更新がぱったり止まってしまったなんて学校も少なからずありました。

複数人のチームで対応すれば、そうしたこともなくなり、蓄積したノウハウを着実につないでいくことができます。

また、ICTが得意な先生と苦手な先生の間には、往々にして壁があります。得意な先生がICTを使えば使うほど、苦手な先生は斜にかまえてしまい、気が付けばICTの「推進派」「敬遠派」の派閥ができてしまう……なんてことも考えられます。そうした構図をつくらないためにもチーム制にして、「指導力に長けたベテラン」と「ICTに長けた若手」とでチームを組ませることに意義があります。

活用促進のカギは行政サイドから教員への手厚いサポート！

熊本市の遠藤教育長は、同市の教員について次のように話します。

「熊本市の教員はレベルが高い。新しい環境、新しい考え方になじめば、全国のモデルとなるような実践ができる。教員が高い指導力を存分に発揮できるよう、教育委員会は『邪魔をしない』ことが大事だと考えている」

こうした言葉からも、現場の教員に対する厚い信頼が感じられます。教員用端末に制限をかけていないのも、そうした信頼がベースにあるからに違いありません。

2020年4月~5月、一斉休校期間に実施したオンライン授業の全市展開については、教育委員会主導のトップダウンで実施されたような印象をもつ人もいます。確かに、「オンライン授業を4月15日からスタートさせる」と決めたのは教育委員会ですが、具体的なやり方はほぼ現場裁量に委ねられていました。各学校に「できる範囲で、できることからやってください」というスタンスです。その結果、多くの学校が「学びを止めない」を合言葉に、さまざまな工夫の下でオンライン授業を実施しました。一部の学校では、3月の時点で独自にオンライン授業をスタートさせていましたが、こうして自律的に判断ができるのも、行政が現場を信頼し、端末を自由に活用できる土壌が整っていたからです。ハード面の整備はトップダウンで進め、活用はボトムアップを待つ。それが熊本市の基本スタンスといえます。

手厚いサポートという点で特筆すべきは、ICT支援員の数です。熊本市には、実に19人ものICT支援員がいて、日々現場をサポートしています。詳しくはPART5で詳しく紹介しますが、その献身的な支えは、熊本市のICT活用を広げる上で大きな役割を果たしてきました。熊本市でこれだけICTの活用が広まったのは、ICT支援員の存在があったからといっても過言ではありません。

教育センターの手厚いバックアップも、見逃すことはできません。先述したように、3人に1台分の端末が入る際には、センターの指導主事らがチームを編成して、市内134校を回りました。また、2020年12月以降、1人1台体制になる前にも、同じく指導主事がすべての学校を訪問し、導入の趣旨を説明して回りました。

さらに一斉休校期間中には、Zoomの活用法を説明した動画やおすすめのリンク集などをいち早く公開するなどして、現場を支えました。現在も、教育センターの公式チャンネルには、ICT活用に関連するたくさんの動画が公開され、市内外を含め多くの関係者に視聴されています。

教育委員会や教育センターが、どれだけのサポートをできるかは、人員や予算などにもよるとは思います。ただ、熊本市で短期間に活用が広がった背景に、こうした行政サイドの手厚いフォローがあったことは、押さえておきたいポイントの1つです。

現場で生まれた実践をクラウドに上げ、市内の全教員で共有！

ICTの活用促進に向けた方策として、最もオーソドックスな手法といえば、モデル事例の共有です。これはICTに限った話ではなく、あらゆる教科・領域についてもいえることでしょう。これまでも、新しい実践が始まるときには国や自治体がモデル事例を公表し、具体的なやり方を示してきました。ＩＣＴについても、国が「各教科等の指導におけるＩＣＴの効果的な活用に関する参考資料」や「小学校プログラミング教育の手引」などの資料でモデル事例を示し、ＧＩＧＡスクール構想においてもポータルサイト「StuDX Style」を開設し、モデル事例を示しています。

しかし、「モデル事例の共有」という手法には、いくつか課題もあります。まず、そうした情報にアクセスする人が、どちらかといえば、その分野に強い関心をもつ人に限られてしまう点です。学校によっては、一部の熱心な人だけがモデル事例を参考に取り組み、そのほか大勢は「われ関せず」となってしまう可能性もあります。

また、学校の先生の中には、自身の授業にプライドをもっているがゆえ、国や自治体が示すモデル事例を冷ややかな目で見る人もいます。あるいは、モデル事例のレベルが高すぎて、「私には無理」と思ってしまう先生もいるでしょう。

このように、モデル事例の共有をトップダウンで行うことには難しさがあります。理想は、現場で生まれたさまざまな実践が、横から横へと広がっていくことです。

熊本市では、こうした自然な広がりを生み出すことも企図し、マイクロソフトの「Ｔｅａｍｓ」を導入して、市内すべての教員にそのアカウントを付与しました。そして、各学校ではＴｅａ msのクラウドシステムを利用して、ICTを使った授業だけでなく、さまざまな授業の実践例や教材、ワークシートなどを全教員間で共有するようにしました。

また、市全体でも実践事例の共有が図られています。具体的に、教育センターの共有フォルダをつくり、授業で使える教材、ワークシートなどを誰でも自由に入れられるようにし、各教科別の担当者のチェックを経て、共有するようにしています。

余談ですが、熊本市教育センターのホームページを見ると、ICTで使える教材やリンク集はたくさん公開されているものの、モデル事例のようなものを見つけることはできません。こうしたところにも、事例の共有は「横から横へ」という熊本市の考え方を読み取ることができます。

PART 3

端末の活用が「自然に」広がる工夫

―ミドルリーダーのマネジメント―

このPARTでは、活用促進のために、学校のミドルリーダーたちが取り組んだマネジメントについて見ていきます。熊本市では、各学校のミドルリーダーたちがそれぞれ自由な発想で工夫を重ねた結果、「自然」に活用が広がっていきました。

ＰＡＲＴ２の最後に述べたように、熊本市の学校におけるＩＣＴの活用は、「上から下へ」ではなく「横から横へ」と広がっていきました。活用に消極的な先生もいる中で、なぜそうした自然発生的広がりが生まれたのでしょうか。このＰＡＲＴでは、主としてミドルリーダーの取り組みや工夫にスポットを当て、熊本市の学校でどのようにＩＣＴの活用普及が図られたのかを見ていきたいと思います。

ＣＡＳＥ １

先生たちがワイワイ楽しむうちに活用が進んだ！「放課後タブレットカフェ」

熊本市立尾ノ上小学校

風穴を開けたコロナ禍の一斉休校

熊本市立尾ノ上小学校に「３人に１台」分の端末が入ったのは、２０１９年４月のことです。しかし、同校にはＩＣＴに苦手意識をもつ先生も多く、初年度の活用は一部の積極的な先生を除いてなかなか進まず、教員間で活用の度合いに差がありました。

そんな状況に風穴を開けたのは、新型コロナウイルスによる一斉休校でした。2020年4～5月下旬の休校期間中、同校では4～6年生がZoomを活用したオンライン授業を受けました。当時、端末はまだ「3人に1台」だったので、学校から持ち帰ったものと家庭で準備できたものをフル活用し何とか間に合わせました。端末を持ち帰れなかった1～3年生は、学年部の先生が動画を作成し、限定公開のYouTubeで保護者に配信し、学習に取り組ませました。また、教員間でもZoomを使った職員朝会が行われ、ブレイクアウトルームという機能で「雑談タイム」を設けるなどして、端末の活用が一気に進みました。

「休校期間中、低学年の先生は自作の動画教材をつくり、YouTubeを使って子供たちに配信した。その様子は実に楽しそうだった。これこそが学校が目指すべき姿だと考え、2020年度は『子供が夢中になって学ぶ授業の創造』を研究テーマに掲げようと考え、校長先生に提案した」

村上校長（左）、奥園先生（中央）、岡本先生による打ち合わせ

この年、新たに研究主任となった奥園洋子先生は、当時をそう振り返ります。奥園先生の提案は村上正祐校長に受け入れられ、同校では新たな研究テーマの下、授業づくりに取り組んでいくことになりました。

これ以降、村上校長と奥園先生、研究副主任の岡本亜紀子先生の3人は定期的に集まり、授業改革やICTの活用について作戦会議を重ねました。「校長先生が気さくにコミュニケーションをとりながら、やりたいことを自由にやらせてくれたことが非常に大きかった」と、奥園先生は振り返ります。

「子供が夢中になって学ぶ授業の創造」に向けて、同校では次の3つを授業づくりの視点として掲げました。

①（主として授業の導入で）「問い」をもたせて、子供のやる気を高める工夫を講じる
②（主として授業の中盤で）子供同士の伝え合い（アウトプット）・学び合う場を設ける
③（主として授業の終盤で）自己更新をするための振り返りを工夫する

「教員には、日々の授業でこの3つを意識してほしいこと、そして可能な範囲でICTも活用してほしいことを伝えた。この3つを意識すれば、端末も自然と使われるようになると考え

た」と奥園先生は話します。

全教員が公開授業の授業者になるシステムに抜本改革

目指す授業づくりに向けて、同校が着手したことの1つは公開授業の見直しでした。それ以前、同校では年に6回、全教員が一教員の授業を参観するごく一般的な公開授業が行われていましたが、これを大きく変えたのです。

具体的に、例えばある日は「全学年の1組」の先生6人がICTを使った授業を行い、ほかの先生は見たい授業を選んで参加するシステムに変えました。そして、授業後の協議会も、6つの部会に分かれて行いました。

同校ではこうした公開授業を年に数回実施し、最終的にはすべての先生が授業者となるようにしました。そのねらいについて、奥園先生は次のように説明します。

「通常、公開授業は若手教員が授業者となることが多い。しかし、若手の中にはベテランの授業を見て学びたいという人もいる。校長と研究副主任と3人で話をし、全員が授業者となるようにした。また、一般的な公開授業では、授業者が入念に準備を重ねて授業に臨むため、ほかの教員がすぐに真似するのが難しい。むしろ、普段通りの授業を参観し合うことで、互いがヒントを得られると考えた」

理にかなった話ではありますが、全国的に見れば、ベテラン教員の中には公開授業の授業者になりたがらない人も少なくありません。この点はどうだったのでしょうか、奥園先生は、「確かに、当初は面倒に思っていた教員もいたかもしれない。でも、実際にやってもらったら、どの教員も前向きに取り組んでくれた。教員は普段、自分の授業を語る機会があまりない。でも、どの先生も授業で大切にしていることをたくさんもっている。そうしたことを話すきっかけができたことで、授業後の協議会では生き生きと持論を語っていた」といいます。

このシステムでは、同時に6つの教室で公開授業が行われるため、参観者はすべての授業を見られるわけではありません。授業後の協議会も同様です。そのため、同校では各授業者が授業の内容と振り返りシート（次ページ参照）をＭｅｔａＭｏｊｉで作成・共有し、全員が見られるようにしました。また、協議会の内容も同じくＭｅｔａＭｏｊｉでまとめ、共有しました。

こうして同校では、先生が日頃の授業、等身大のＩＣＴ活用を互いに見せ合い、フランクに意見交換を重ねました。その結果、「どの教員も、実践の引き出しが増えた」と奥園先生はいいます。

公開授業後の「振り返りシート」

〈研究課題〉　子どもが夢中になって学ぶ授業の創造
～「主体的・対話的で深い学び」を実現する学習過程の工夫を軸として～

【視点1】「問い」を持たせる導入の工夫【視点2】伝え合い・学び合う場の工夫【視点3】自己更新するためのふり返りの工夫

授業者　奥園洋子　6年2組　算数科　「円の面積」
授業日　令和2年7月13日（月）

子どもの変容・有効だったこと・課題・改善策　など自由に書いてください。

【視点1】「わからない」というつぶやきを大切にすることで、考え方のヒントを出し合う必要性を高める

新しい課題に出会った時に子どもから「え？？」「はあ？」などのつぶやきが出たら、まず「よっしゃー」と思います。そこから子どもたちは「こうすればいいんじゃない？」「あー、なるほど」と次々に思考を始めます。この課題との出会わせ方に悩みます。また、素直なつぶやきをみんなが受容してくれる学級づくりも頑張っています。

あえてペアやグループを作らずに、自由に、自由な言葉で考えを伝え合うことを大切にしてきましたが、授業検討会で「話せない子どもへの支援は」と問われたことで、意見交流の場のバリエーションを今後さらに増やして、子どもにたくさんの経験をさせたいと思いました。

【視点2】教師は子どもの発言をつなぐコーディネーターの役割をする。

発表している子どもが、前に発言した友達の「三角っぽいやつ？」という言葉を使って説明したのが嬉しかったです。子どもが友達の言葉を自分の中に取り入れて思考するために、私は「待つ」ことに忍耐しています。
積み重ねると、子どもたちは「でも」「だって」と、よくしゃべるようになってきました。

【視点3】子どもが自分の伸びを実感できるように、ふり返りの視点を示す。

できるようになったことや友達のよさなど、「よさ」に着目した項目ばかりを提示していましたが、授業検討会で「わからなかったこと」や「難しかったこと」も書かせると次への学びに生かせるという意見がでました。
「本当だ。なるほど」と目から鱗でした。すぐに取り入れました。

授業検討会で学んだこと

自分の発言に自信がない子どもが多かった本学級の子どもたちが、自由に自分の考えや意見を交流できるようにと授業づくりを行った1学期でした。授業検討会で先生方の発言から、今回「対話」の意味を考え直しました。一見活発に意見を交流しているように見えても、全員が本当にそうなのか。全員が新しい自分に気づく真の「学び合い」ができるように2回目の授業参観に向けて授業づくりを楽しみたいと思いました。

参加した教員が思わず笑顔になる「ワークショップ型」の校内研修を実施

ＩＣＴが苦手な人が積極的に活用するためには、何よりもＩＣＴの「楽しさ」を実感してもらうことが大切だと考え、同校では校内研修にもひと工夫を加えました。いわゆる「参加型」「ワークショップ型」の研修にしたのです。

例えば、1月下旬に開催した校内研修では、先生が5人×8グループに分かれ、それぞれが与えられたミッションに取り組みました。題して「ミニミニプロジェクト学習」。提示された課題は、次のようなものです。

・体育館リニューアルプロジェクト
・尾ノ上小を支えるプロフェッショナルに光を当てろプロジェクト
・コロナ禍でできる特別活動プロジェクト（児童編）
・コロナ禍でできる特別活動プロジェクト（職員編）
・尾ノ上小ＩＣＴプロジェクト

制限時間は45分、その後には全体に向けてプレゼンテーションをするという、なかなかレベルの高いミッションです。そのため、どのグループも役割分担をしながら、必死になって情報収集やまとめを行いました。例えば、「体育館リニューアルプロジェクト」なら、ある先生は体育館へ走って写真を撮影し、ある先生はインターネットで情報を検索し、ある先生は同時並行でプレゼン資料を作成する……といった具合にです。

「最初はICTが得意でなく不安げだった教員も、プロジェクトがスタートすると、笑顔で楽しそうに取り組んでいた。今後、自身が担任するクラスでプロジェクト学習を実施していく上で、必要な支援や手立てを学べた点でも、意義深い研修だった」と奥園先生は研修を振り返ります。

ちなみに、各グループが作成したプレゼンテーション資料は、その後、必要に応じて子供たちや保護者、地域住民、他校の教員などにも紹介されました。例えば、「尾ノ上小ICTプロジェクト」の資料は、村上校長が地域の各団体合同会議や学校評議会で披露し、学校がICT化に注力し

「ミニミニプロジェクト学習」

ていることを広く理解してもらう際に役立てられました。

２０２０年度も終盤を迎える中、同校ではタブレット端末に入ったプレゼンテーションアプリＫｅｙｎｏｔｅの活用があまり進んでいませんでした。Ｋｅｙｎｏｔｅを使うと、とても簡単に見栄えのよいプレゼン資料がつくれる。それなのに使わないのはもったいない――奥園先生はそう考え、２月の校内研修でこのアプリを体験してもらうことにしました。題して「私の技を伝授します研修」。個々の先生がＫｅｙｎｏｔｅを使って、自分の得意なことなどをまとめ、発表するという研修です。

教員の中には、学級によってバラバラだった牛乳パックの洗浄方法について調べ、最も理にかなった方法をプレゼンするなど、課題意識をもって取り組んだ人もいました。また、年度末には、卒業生に向けたお別れメッセージをＫｅｙｎｏｔｅで作成するなど、研修で学んだことが生かされました。

ここで紹介した「ミニミニプロジェクト学習」と「私の技を伝授します研修」の２つの研修は、いずれも「○月○日までに作成しておいてください」といった形で、先生への宿題として出すこともできます。しかし、奥園先生は「教員の負担感になるので、なるべく校内研修の中で完結するようにしている」といいます。ICTは「使うのが面倒」と考える人もいることを考えれば、賢明な判断といえるかもしれません。

効果絶大！お菓子とともに歓談する「放課後タブレットカフェ」

もう1つ、同校のICT活用促進に大きな役割を果たしたのが、「放課後タブレットカフェ」です。放課後に希望者を募って行うミニ勉強会で、皆でお茶をいれてお菓子などを食べながら、ワイワイガヤガヤと行います。テーマは毎回、奥園先生が決めていて、自身が知りたいこと、周囲の先生が困っていることなどをベースに設定します。「前任校で行っていた取り組みと、校長が前年度まで行っていてもっと発展させたいと考えていた『放課後自主研修会』

「放課後タブレットカフェ」

を融合させる形で実現した。当初は5〜6人集まればよいと思っていたが、ふたを開けてみたら毎回20人くらい参加していた」と奥園先生はいいます。

終了時刻は午後5時ですが、ときには時間が過ぎても、ICT談義に花を咲かせる先生もいるとのことです。2020年度は計6回開催し、参加した先生からは、「聞きたいことが聞けて助かった。来年度も続けてほしい」との声が聞かれるなど、評判は上々のようです。

教委の柔軟な姿勢が教師の取り組みを支える！

余談になりますが、県外のある先生が同様の取り組みをしたいと校長先生に申し出たところ、「教育委員会がダメといっている」といわれ、認められなかったそうです。勤務時間を考慮してそう判断したのかもしれませんが、自由参加であることを考えれば、そのくらいは認めてもよいのではと思ってしまいます。コンプライアンスの徹底が叫ばれる昨今では、イレギュラーな試みを認めない風潮が、学校にはあるのかもしれません。

同校では、村上校長が二つ返事でＯＫを出し、「放課後タブレットカフェ」は開催されました。こうした風通しのよさは、熊本市の学校を取材する中で幾度となく感じたことで、だからこそ端末の活用が広がったとの見方もできます。

同校では2021年1月に「1人1台」体制が整い、現在は端末を活用した授業が学年を問わず展開されています。「端末を予約したり、とりに行ったりする必要がなくなったことで、各段に使いやすくなった。何よりありがたいのは、授業の流れの中で、ごく自然に活用できること。ようやく、文房具と同じ位置付けになったと感じている」と奥園先生はいいます。

CASE 2

「きっちり」ではなく、「ゆるさ」が端末活用促進のカギ！

熊本市立白川小学校

コロナ禍で「どうすればできるか」を考えた若手リーダー

2020年度、熊本市立白川小学校で「情報化推進チーム」のリーダーを務めたのは、採用3年目の坂田晶子先生です。同校の「情報化推進のチーム」は20〜60代の5人で編成されており、年齢的に見れば坂田先生は一番下。そう考えれば大抜擢ともいえますが、同校では前年度も採

用3年目の先生が務めるなど、若手がこの役回りを担ってきました。坂田先生は「着任当初は、やや気後れする部分もあった。でも、ベテランの先生はどの方も気軽に声をかけ、アドバイスをしてくれた。私が何か提案しても、頭ごなしに否定されることは一切なかったので、とてもやりやすかった」といいます。

その後、同校では坂田先生のフレッシュな提案も生かす形で、ICTの活用促進に向けた取り組みが始まりました。その矢先、学校はコロナ禍による一斉休校に入りますが、同校でもこれが活用促進の大きな転機になったと坂田先生はいいます。

3月、同校では退任式（離任式）が中止に追い込まれそうになっていました。学校を去り行く先生と子供たちとのお別れの場が消えるのは、あまりにも寂しい――どうにかならないものかと考え、少し前に知ったZoomを活用しての開催に、皆でトライしてみることにしました。

3月末、同校では無事にZoomを使った退任式が行われました。「教室と特別教室をつないでの開催ではあったが、子供たちは去り行く先生にきちんとお別れのあいさつをすることができた。『コロナだからできない』ではなく、『どうすればできるか』を皆で考え実現したことは、非常に大きい経験だった」と坂田先生は振り返ります。

　年度が替わって4月以降は、先生が交代で在宅勤務をしながら、主として第5～6学年はZoomを使ったオンライン学習、第3～4学年は「Zoom朝の会」とロイロノートを使ったオンライン学習、第1～2学年はYouTubeとロイロノートでの学習（端末は家庭のもの）、などに取り組みました。

　低学年担任の先生は協力し合いながら、あさがおの育て方を説明した動画、鉛筆の持ち方を説明した動画などを制作し、YouTube上で限定配信するなどもしました。また、その取り組みは高学年にも広がり、ロイロノートを使った動画配信なども行われました。こうしてどの学年にも一体感が生まれると同時に、学年をまたいでの協力関係も築かれていきました。

YouTube用動画の撮影風景。他学年の先生も参加するなど協力した

「1人一役」ではなく、皆で「ゆるく重なる」

同校におけるICTの広がり方・広げ方について、坂田先生は「ゆるく重なる」をキーワードに挙げます。具体的にどういうことなのでしょうか、坂田先生は次のように説明します。

「もともと情報化推進チームの大先輩からいただいた言葉です。例えば、校務分掌は『1人一役』ではなく、ゆるく重なり合いながら仕事をしている。教員間の情報共有も、学年・教科・年代にかかわらず、重なり合いながら行われている。そうしたつながり方が、結果的に教員間の対話を生み、ICTの活用につながっていった」

同校の情報教育に関わる校務分掌組織は、下の通りです。「ICT教育」もその右にある「授業活用」も、複数の先生が役割を担い、それぞれが各学年の先生とつながりながら任に当たります。「1人一役」のほうが、責任所在は明

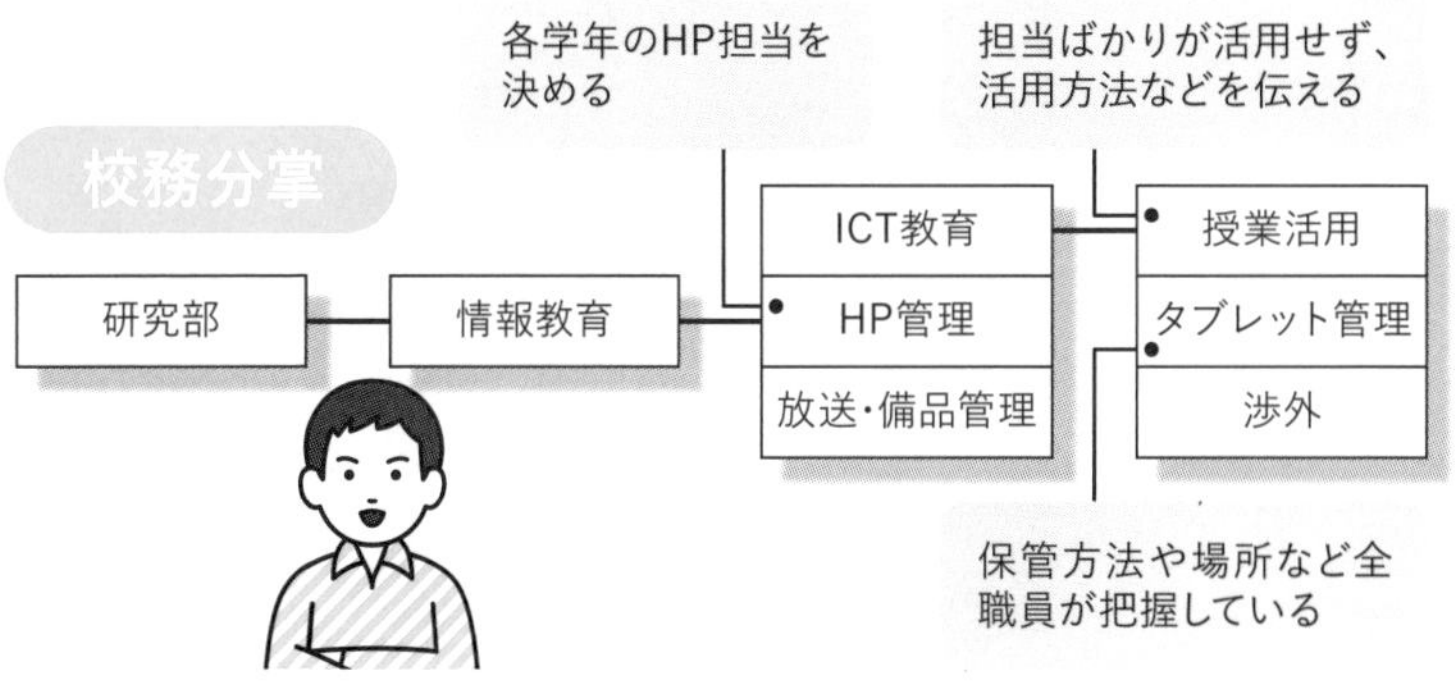

確になりますが、あえて「あいまい」に「ゆるく」することで、教員間のコミュニケーションを活性化させ、活用促進につなげていこうという考え方です。

「職員室で、ある先生が『私のクラスの○○くん、書くことが苦手なんだよね……』と話をすると、別の先生が『端末の音声入力機能を使ってみたらどうですか？』と提案する。すると、ほかの先生が『何それ？ どこを押すとできるの？』『私にも教えて』と割って入ってきて、即興の勉強会が始まる。本校では、そんなことが頻繁にある」と坂田先生はいいます。

同校でＩＣＴの活用が「横から横へ」広がっていくのは、職員間のよき関係性の上に、「ゆるく重なる」仕掛けがあるからなのかもしれません。

ＩＣＴの活用について情報交換をし合う先生たち

アンケートで「困り事」を丁寧に拾って勉強会で解決！

2020年度、坂田先生は月1回ほどの割合で、Ｇｏｏｇｌｅフォームを使った職員アンケートを実施しました。このアンケートは、ＩＣＴの活用状況を調査するものではなく、あくまで困り事を吸い上げるためのものです。回答は任意で、要望がある人だけが記入します。

そうして、吸い上げられた困り事を解決する場の1つが、自由参加のインフォーマルな勉強会です。実施形態はさまざまで、教室に集まって行うこともあれば、職員室の後方のスペースで「○時から○○について勉強します」と呼び掛ける形で実施することもありました。主たる流れは、アンケートに寄せられた疑問や相談事に、ＩＣＴが得意な先生や「覚えたて」の先生などが答えるものです。どの回も多くの先生が参加し、打ち解けた雰囲気の中で「学び合い」的に進められたとのことです。

同校では、ＩＣＴ支援員による相談会も開催しました。同校には週に1回、ＩＣＴ支援員が訪れますが、あえて放課後の時間に来てもらうよう調整した上で、「相談がある人はご参加ください」と坂田先生が呼び掛けました。相談会には、毎回10～15人の先生が入れ代わり立ち代わりやって来て、「この機能の使い方を教えてほしい」「タブレット端末の写真をパソコンに移す方法を教えてほしい」など、さまざまな相談を寄せました。

「使ってみよう」を支えた多様な「相談のチャンネル」

これら勉強会や相談会で話題に上ったことの中には、ＩＣＴの活用において有用な情報も少なくありませんでした。そこで坂田先生は、それらの耳寄り情報を通信にまとめ、月１回程度の割合で配付しました。具体的に、「電子黒板に書き込んだ内容を残す方法」「朝の欠席・遅刻メールを端末で確認する方法」などが紹介され、多くの先生が参考にしたといいます。

こうした取り組みを通じ、同校ではＩＣＴの活用が加速度的に広がっていきました。ある先生は、「子供たちは端末の扱いがうまい。『私も負けられない』という気持ちで活用しているが、一筋縄ではいかないこともある。でも、ＩＣＴ支援員に尋ねるなどして解決したときの達成感は大きい。いつも気軽に、分からないことを何度でも聞ける環境がありがたい」と話します。

ＩＣＴの苦手な先生が「使ってみよう」と思うには、相談できるチャンネルが多いこと、職員室に支持的風土があることが大切なのだと、こうした言葉からも分かります。

同校では、教員同士が「ゆるく重なる」ことで、互いを尊重し、1人ひとりの個性や強みを発揮できる組織へと変わっていきました。「そうした職場環境があれば、よりよい実践が生み出される。これはICTの活用に限ったことではない」と坂田先生はいいます。

そんな坂田先生には、情報化推進リーダーとして日頃から心掛けていることがあります。それは、職員室の会話に「アンテナを張る」ことです。

「誰かがICTのことを話していたら、タイミングを見計らって、自分もその会話に加わるようにしている。そうすることで、ICT活用の現状を知り、困り事を拾うこともできる」

ICTの活用は、苦手な人ももちろん、得意な人も「困り事」を抱えていることが珍しくありません。情報化推進リーダーの役割は、そうした「困り事」を1つひとつ丁寧に拾い上げ、対応していくことにある――坂田先生のそうしたスタンスは、同校のICT活用促進に大きな役割を果たしたことでしょう。

CASE 3

研究部と情報化推進チームが連携し、中学校の「教科担任制の壁」を突破！

熊本市立白川中学校

「推進体制」と「研修」からアプローチ

全国的に見て、中学校は小学校ほどＩＣＴの活用が進んでいません。要因としては、中学校が受験を控えていることのほかに、「教科担任制」を敷いていることが挙げられます。中学校では、同じ教科の先生同士で情報交換はしても、他教科の授業や指導を深く知る機会はほとんどありません。そのため、ＩＣＴの活用方法も、3〜4人の教科担当者間でしか共有されず、他教科へと伝播していかない側面があります。批判を恐れずにいえば、学校は小・中・高と上がるにつれて職人気質な組織文化が強まり、それが指導方法の共有を妨げているような一面もあるように思います。

しかしながら、中学校においてもそうした壁を乗り越え、教員同士が活発に情報交換をし合いながら、ＩＣＴの活用を広げている学校があります。熊本市立白川中学校も、そんな学校の1つです。研究主任を務める三角貴志子先生は、この1年間におけるＩＣＴの活用状況を次のように説明します。

「端末の活用が広がりだしたのは、2020年度の2学期に入ってから。それ以前は、社会科をはじめとする一部の先生が積極的に活用している程度で、大半の先生は従来通りの授業をしていた。私自身も、端末や電子黒板、実物投影機を使ってみようと思ったものの、機器を使いこなせる自信がなく、二の足を踏むことがあった」

同校には、2020年2月に「3人に1台」の端末が入っていましたが、同年7月に実施したアンケートでは、端末を使った授業を一度もしなかった先生が、全体の3分の1に上りました。主たる理由は、次のようなものです。

①　生徒に使わせるアプリの操作に自信がなかった36％
②　どのように活用してよいか分からなかった18％

この結果を踏まえ、同校では個々の先生が、①操作スキ

情報化推進リーダーと話し合う三角先生（左）

ルを高めていくこと、②授業などでの活用方法を知ることが必要だと考えました。そして、「推進体制」と「研修」の2つの側面から、ICTの活用促進に取り組んでいくことにしました。

研究部と情報化推進チームの連携

2020年度、同校が掲げた研究テーマは「主体的に学びに向かう生徒の育成〜『学びとる』学習活動の実践」です。教師が「教える」授業から子供が「学びとる」授業へ、子供を主体とした授業への転換を図るという点では、熊本市の教育大綱とも軌を一にします。

問題は、このテーマとICTの活用をどう紐付けるかです。従来通りに研究部が主導する形で進めれば、端末の使用が進まなかったり、形だけの活用で終わってしまったりする可能性もあります。

そのため、同校では研究部と情報化推進チームが、連携・協力しながら研究を進めていくことにしました。日頃、研究主任は各教科の教科主任と連携し、情報化推進チームのリーダーは各学年の情報教育担当者と協力して取り組んでいます。この両者間が密に連携し、教科という

「縦軸」、学年という「横軸」をクロスさせれば、ＩＣＴを活用した授業づくりを広げていけると考えたのです。「どのような取り組みも、研究主任の私と情報化推進リーダーが、必ず話し合ってから進めるようにした。校内研修や実践発表会を行う際も、とにかくこまめに話し合って内容を決めていった」と三角先生はいいます。

一般的に、アプリの操作方法などテクニカルなことを学ぶ研修は、校内研究とは切り離す形で行われます。しかし、同校ではそうした研修でさえも、育てたい力、目指す授業づくりなどを研究主任が情報化推進リーダーに伝えながら、協力体制の下で行いました。その結果、研修は単なるスキルの習得という範疇を超え、教科指導の本質的な部分につながるものになったといいます。

こうして研究部と情報化推進チームの連携・協力が図られる中で、次第に同校では、教員間のコミュニケーションも活性化していきました。そして、ＩＣＴの活用について、

端末の活用方法について相談する先生たち

教員同士が気軽に相談するような雰囲気が醸成されていきました。

「他教科の授業を見たことがない」を変えたコロナ禍でのオンライン授業

前述の通り、中学校には「教科の壁」があるといわれ、同校も2020年度に入るまでは、先生が他教科の授業を見る機会はあまりありませんでした。

そうした状況に変化をもたらしたのが、やはり新型コロナによる一斉休校でした。「オンライン授業は対面での授業とは異なるので、教材研究を一からやり直す必要があった。そうして、学年の教員同士で、効果的な教材の在り方、提示方法などを話し合い、チームとしてオンライン授業を行う中で、他教科の授業を見る機会がたくさんできた」と

休校期間中、協力してオンライン授業に取り組む先生たち

三角先生は当時を振り返ります。休校期間中は、そうして「教科の壁」を超えた交流が図られるとともに、ベテランが若手に端末の使い方を教えてもらうなど、「世代の壁」を超えた交流も行われました。

全教師でICT活用法を共有し合う校内研修

自分の教科だけでなく、他教科の活用事例を知ることで、効果的な授業づくりやICTの活用につながる――そうした手応えを得た同校では、2020年の2学期に入る頃から、全校的な情報共有を図るための仕組みづくり、場づくりを進めていきました。その1つが、ICT活用法を共有し合う校内研修です。具体的に、1時間ほどの研修の中で、5～6人の先生が各5分程度、ICTを活用した授業実践を紹介し合いました。そうした研修を数回ほど開催する中

校内研修の様子

で、どの先生も「自分ならどう使うか」を考え、効果的な活用方法を生み出していったとのことです。

また、MetaMojiやドリルパークなどアプリの使い方を学ぶ研修会も行いましたが、その際はICTが得意な先生だけが講師になるのではなく、いろいろな先生が「使いながら学んだこと」を紹介するようなスタイルにしました。こうした研修の進め方も、活用へのハードルを下げる上で効果的だったに違いありません。

クラウドに各教員のICT活用実践をどんどん蓄積

2020年度の2学期、同校ではICTの活用をさらに広げるため、各教科別にICTの活用目標を立てました。その際、約束事としたのは、生徒に「アウトプットさせる」ことを柱に、活用計画を立てることとです。具体的に、国語であれば「話すこと聞くことでの活用」、理科であれば「実験結果や考察を全体で共有」、音楽であれば「合唱コンクールを終えての振り返り、アンケート」といった活用目標が掲げられました。「端末の活用を通じて、知識・技能ではなく、思考力を伸ばすことが大事だと考え、各教科別にそのような活用目標を立ててもらった。結果としてどの教科においても、より効果的な場面で活用が図られていった」と三角先生はいいます。

同校では、そうした目標を教科別に立てたことも奏功し、ICTの活用がさらに広がっていきました。そんな中、研修以外の場でも、それら活用実践の共有を図っていく必要があると考えました。そこで活用したのが、授業支援アプリのMetaMojiです。通常は生徒たちが学習活動で活用するアプリですが、あえてこれを先生同士で使い、スキルアップにつなげようと考えたのです。そうしてICTの活用実践は、MetaMojiのクラウド上に、次々と蓄積されていきました。

ちなみに、同校の先生が作成・蓄積していった活用実践は、学習指導案のようなフォーマルなものではなく、活用のごく簡単な流れを記載したものです。また、ロイロノートでは先生たちが自作した「ワークシート」も共有しました。「先生の中には、ほかの教科の活用実践を見て、自身の授業実践に生かそうとする人もいた。活用が教科を超えて広がっていった」と三角先生はいいます。

2020年度末に実施したアンケートでは、「頻繁に活用した」先生が58%、「単元によって活用した」先生が38%、「1〜2回活用した」先生が4%で、「活用できなかった」先生は1人もいませんでした。「誰か1人が突っ走るのではなく、本校には職員室全体に『やってみよう』という雰囲気がある。『こんな使い方があるよ』など、情報交換も日常的に行われている」と三角先生はいいます。恐らく2021年度は、どの教科の授業でも、端末がフル活用されているに違いありません。

先述したように、中学校におけるICTの活用は、受験という目先の目標とどう折り合いを付けるかが1つの課題となります。この点について、同校のある先生が次のように語っていたとのことです。

「以前は、教科書の重要語句などを『教えなければ』という気持ちが強かった。しかし、ICTを使って調べたり、考えたりする活動を行うと、生徒たちが自然とそうした知識を獲得していくことに気付いた。加えて、そうして覚えたことはなかなか忘れないことも分かった」

現在、教育界では「履修主義」から「習得主義」への転換について、さまざまな議論が行われています。中央教育審議会の答申（2021年1月）には、「履修主義・修得主義等を適切に組み合わせる」という、やや難解な言葉も書かれていますが、それを読み解くヒントが、この先生の言葉の中にあるのかもしれません。

PART 4

活用を広げ、深める仕組みづくり
―管理職のマネジメント―

このPARTでは、PART3で紹介したミドルリーダーたちの取り組みを支えた学校管理職たちのマネジメントについて見ていきます。熊本市の管理職は、多忙な教員の負担を増やすことなく、活用を促進するための工夫を重ねました。

前のＰＡＲＴでは、主としてミドルリーダーの視点から、ＩＣＴの活用が自然と広がっていくための取り組みや工夫を紹介しました。このＰＡＲＴでは、もう少し管理職的な視点、教育課程や年間指導計画などに焦点を当てる形で、活用促進に向けて参考となる事例を紹介していきます。

CASE 1
超多忙な小学校教員たちに、端末活用が有効な単元を「見える化」する

熊本市立城東小学校

6年間の「系統性」を意識して「情報活用能力」を育成

全国のどこの学校も年間指導計画を作成していますが、この中にＩＣＴの活用をどう組み込むかが、今後は課題となってくるでしょう。しかし、ＩＣＴの活用があまり進んでいない段階で無理をして組み込めば、実践上の無理が生じたり、実効性の乏しい計画になってしまったりする可能性もあります。具体的にどう作成していけばよいのか、参考となる事例を紹介します。

熊本市立城東小学校は長年、健康教育に取り組んできた歴史があり、過去には文部科学大臣表彰を受賞するなど、その取り組みは全国的にも注目されてきました。そんな同校ですが、毎年度「健康教育」のほかにもう1つ、別のテーマの研究にも取り組んできました。しかし、「それら2つの研究が、以前は必ずしも結び付いていなかった」と佐藤俊幸校長は話します。そうした課題を踏まえ、佐藤校長は2019年度から「情報活用能力の育成」を研究テーマに掲げ、これを「健康教育」とリンクさせる形で、研究実践に取り組むことにしました。

ちょうどそのタイミングで導入されたのが、「3人に1台」分のタブレット端末や電子黒板でした。「情報活用能力の育成」というテーマにおいては、うってつけのように見えますが、佐藤校長は「研究の柱は、あくまでも国語科を中心とした情報活用能力の育成。端末はそのための道具

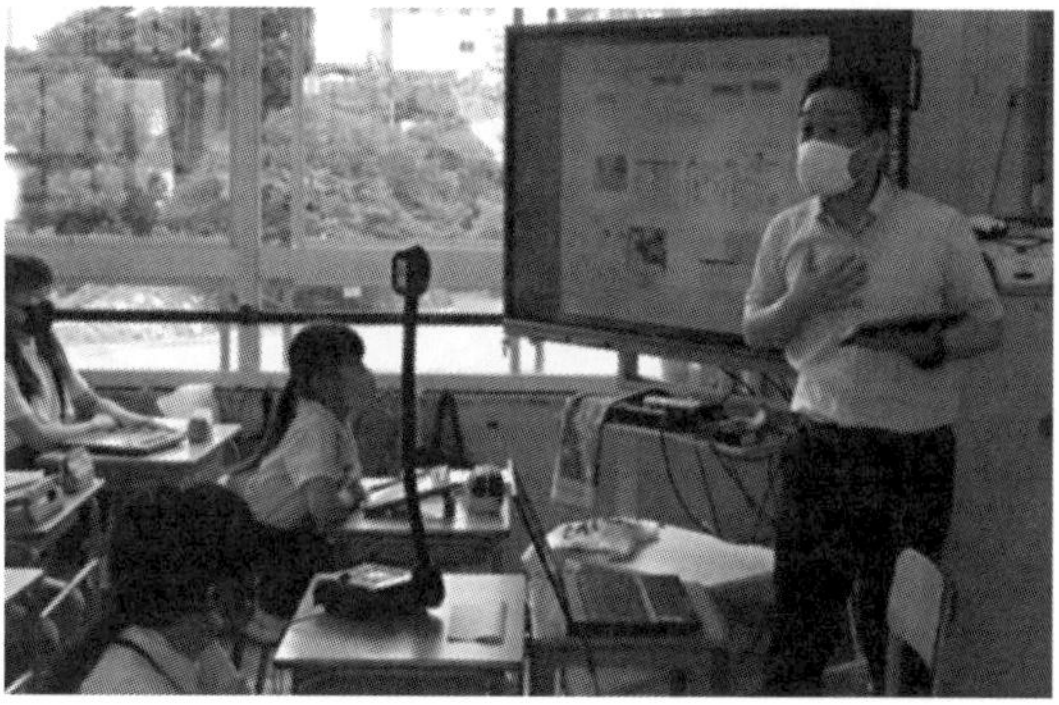

端末を活用した授業

にすぎないという位置付けだった」と説明します。

「情報活用能力の育成」を目指したカリキュラムづくりを進める過程で、佐藤校長が重視したのは6年間の「系統性」でした。その理由を次のように説明します。

「小学校の教員の多くは、担当学年以外の指導内容に関心が薄い。教科の指導については、例えば九九ができなければ3年生以降の授業に支障が生じるので、多少は関心があるが、『情報活用能力』の場合は、そうしたこともないので他学年がどのような指導を行っているかほとんど関心がない。国語科でいえば、話の聞き方、発表の仕方、友達の話し合いの仕方なども、1～2年生で指導したことを3～6年生で重複して指導しているような実態があった。つまり、1～6年生の指導がきちんと積み上がっていなかった。これをきちんと整理することで無駄を減らし、学びを効率化するとともに、教員の働き方改革を進めていこうと考えた」

確かに小学校の場合、特に低学年は担任が固定傾向にあり、3～6年生の教員が1～2年生の指導内容を把握していないことは多いと聞きます。そうした状況は望ましくないとして、熊本市の校長会では現在、若手教員にはなるべく低・中・高学年を幅広く担任させるべきだという意見も出ています。しかし、すべての教員が1～6年生を万遍なく担任するようになるまでは、まだかなりの年数が必要となります。

指導に系統性をもたせるため、同校では研究授業を実施した際には必ず1～6年生の指導計画表を見て、その授業が他学年とどうつながっているか話すようにしました。例えば4年生の教員が研究授業を行った際には、それ以外の学年の先生が、自学年との単元的なつながりについて、1人1分程度で説明するようにしたのです。そうした取り組みを通じ、6年間を通じた情報活用能力育成の指導計画を練り上げていきました。

取り組みを始めてから数カ月後、同校の先生に実施したアンケートでは、すべての教員が「系統性を踏まえた実践は、確かな力の育成や指導の効率化につながる」と回答しました。また、85％の教員が「系統性を意識して指導するようになった」と回答するなど、「授業改善」という点からも変化が見られました。

端末活用が効果的な単元を年間指導計画に蓄積・共有

2019年度、同校ではそうした形で「情報活用能力の育成」に取り組みました。その過程でICTの活用が極めて効果的な単元・授業があることに、多くの教員が気付き始めました。問題は、そうして得られた知見をどう蓄積・共有するかです。「効果的な指導」の共有は教科・

領域を問わず大切ですが、特にICTは過去の活用実績が乏しいため、そうした作業が極めて重要になってきます。

そんな中、同校ではICTの活用が効果的だった単元には、年間指導計画の該当部分にマーカーを引き、そこに具体的な活用方法を書き込んで「見える化」するようにしました。左ページの図1・2はその一部を抜粋したものです。

とはいえ、この作業を研究主任が1人で担うのは無理があります。また、共有フォルダ内に年間指導計画のファイルを置き、個々の教員がそのつど書き込むという方法もありますが、日中はほぼ動きっぱなしの小学校教員が、そうした作業をするのも現実的ではありません。

そのため、同校では月1回行われる校内研修の場で、佐藤校長が「今月、ICTの活用が効果的だった単元にマーカーを引いてください」と伝え、記入するための時間をと

端末を活用する同校の子供たち

るようにしました。また、具体的な活用方法については、夏休みなどの長期休業中に、まとめて書き込む時間を設けました。

図1 年間指導計画（一部分を抜粋）

学期	月	国語	書写	社会
1	4	気持ちよく対話を続けよう② 原因と結果に着目しよう② 朗読で表現しよう④ 図書館へ行こう②	1 学習の準備をしよう② 2 組み立て方（三つの部分）③	《1 わたしたちの生活と政治》 1 わたしたちのくらしと日本国憲法⑥ 2 国の政治のしくみと選挙④
	5	筆者の論の進め方を確かめよう⑦ さまざまな熟語② 友達の意見を聞いて考えよう④	3 点画のつながり④	3 子育て支援の願いを実現する政治⑦
	6	防災ポスターを作ろう⑦ 人物どうしの関係を考えよう⑦ 複合語② インターネットの議論を考えよう⑦		《2日本の歴史》 1 縄文のむらから古墳のくにへ⑦ 2 天皇中心の国づくり⑥
	7	本は友達②	4 書く速さ① インタビューのメモを取ろう①	3 子育て支援の願いを実現する政治⑦

図2 マーカーを引いて追記（上記表の一部を抜粋）

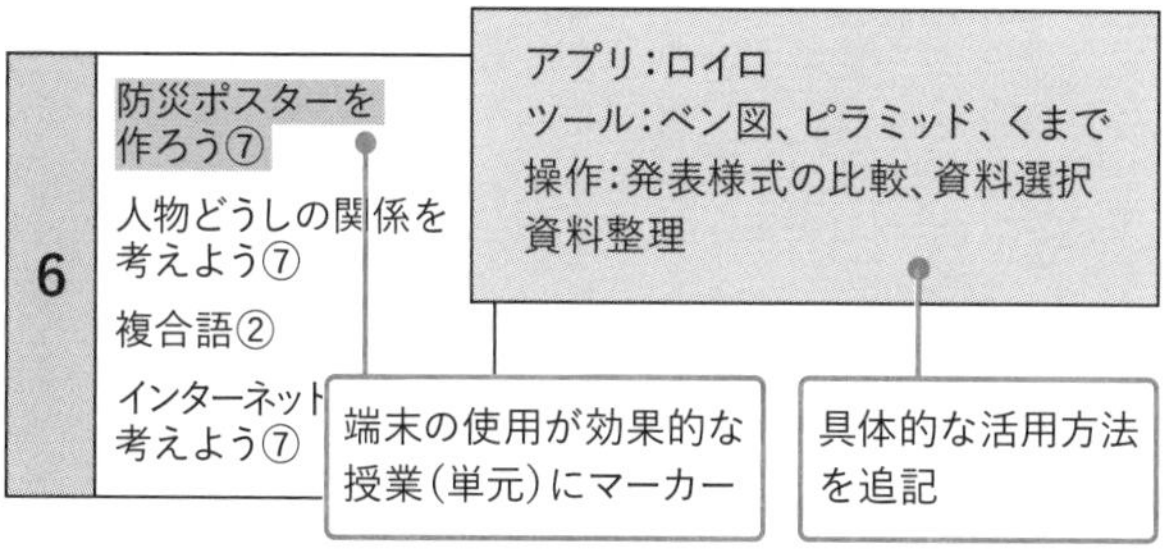

「小学校教員は日中、ほとんど時間がとれないので、記入するための時間をきちんと確保することが大切。そうして年間指導計画の表が完成すれば、翌年度以降は、誰がどの学年を受け持っても、ICTの効果的な単元や授業が一目で分かる」と佐藤校長はいいます。

ところで、端末の操作技能についても、系統性はあるのでしょうか。約2年間の研究を踏まえ、佐藤校長は次のように指摘します。

「端末の操作自体には、これといった系統性はない。唯一の例外は、キーボード入力。ローマ字を習っていない1~2年生には難しく、必然的に3年生以降となる」

同校におけるICTの活用は、「情報活用能力の育成」という研究実践を柱として進められてきました。研究2年目の2020年度はコロナ禍で休校になるなど想定外の事態にも直面しましたが、それでもICTの活用は着実に広がり、効果的な単元・授業の共有も図られるようになりました。「研究3年目の2021年度は、縦の系統だけでなく横の系統、すなわち教科等横断的な視点からも情報活用能力の育成に取り組んでいきたい」と佐藤校長は展望を語ります。

CASE 2

「ちょっと待て」ではなく「いいね、やってみよう!」で広まったICT活用

熊本市立帯山西小学校

子供から次々出てきた「ワクワク」する特活のアイデア!

PART1で述べたように、熊本市の教育大綱では「主体的に考え行動する力」の育成を目標の1つに掲げています。予測不可能な社会を生きていくには、そうした資質・能力が必要不可欠だと考えているからです。

そんな「子供主体」の学校づくりに、ことのほか熱心に取り組んできた学校の1つが、熊本市立帯山西小学校です。同校の平野修校長は、市がそうした方針を掲げる以前から、「子供と教師が共に生活をつくっていくような学校づくりが、これからの時代は必要だと考えてきた」といいます。

子供の「主体性」を引き出すために、何が必要なのか——校長として目指すべき学校像を考える中で、平野校長の頭に浮かんだのは「ワクワク」という言葉でした。「人は自分がやり

たいことや新しいことにチャレンジするとき、心がワクワクする。既成概念にとらわれずに、自分たちの生活をよりよくつくり出す力を育成するためにも、『わくわく』する学校づくりが必要だと考えた」と、その経緯を説明します。

そうした方針に基づき、同校では2020年度の教育目標を「児童も教職員も保護者も『わくわく』する学校づくり～児童と教職員、保護者が一緒になって学校生活を創造する学校～」と定めました。「児童」だけでなく、「教職員」や「保護者」も入れているあたりは、いかにも「既成概念にとらわれない」教育目標といえます。

子供も教職員も保護者も「ワクワク」する学校づくりを進めるために、同校が柱に据えたのは「特別活動」でした。学級会や委員会活動、行事などの活動場面において、なるべく子供自身が主体的に考え、話し合い、意思決定していくプロセスを取り入れていこうとしたのです。

ところがその矢先、新型コロナウイルスの感染拡大で、学校が休校になってしまいました。加えて、5月下旬の再開後は、「3密」を回避するため、教育活動の多くが制限を受けました。もちろん、学級会や児童会、行事なども、これまで通りには実施できません。

「特別活動を進める上では大きなピンチだった。だが、本校ではこれをチャンスと捉え、『できない』ではなく『どうすればできるか』を子供にも教職員にも考えてもらった」と、平野校長は振り返ります。

例えば、全校朝会は体育館に集まれないことから、Ｚｏｏｍで各教室をつなぎ、放送室から番組を配信する形で実施しました。その際は、なるべく一方通行型ではなく、〇×クイズを出題したり、じゃんけんゲームをしたり、レポーターが各教室を回ったり、双方向型になるように工夫しました。すべて、子供から出てきたアイデアです。

また、運動会は参観を自粛する人のために、児童会によるライブ配信を行いました。当日は、児童の祖父母などが自宅のパソコンから運動会を視聴し、子供たちの活躍に目を細めたといいます。

zoomを使った全校朝会

転校生と仲よくなるために子供たちが考えた「Ｚｏｏｍ鬼ごっこ」

２０２０年度、同校の5年1組のクラスには、転校生がいました。ところが、４月に入ってすぐ休校になったため、クラスメイトと直接触れ合う機会がほとんどもてずに約２カ月がすぎました。

学校再開後、このクラスでは転校生の子が皆と仲よくなれるために何ができるかについて、話し合いました。そして、「Ｚｏｏｍ鬼ごっこ」というレクリエーションを考案し、実施することにしたのです。その大まかな流れは、次の通りです。

① クラスの全児童が、端末をもって校庭に集合
② 端末はＺｏｏｍで職員室とつながっていて、先生から「この算数の問題を解いた後、全員で集合写真を撮りなさい」などのミッションが出される
③ 校庭には「鬼」役の先生が３人ほどいて、子供たちを追いかける
④ 子供たちは、鬼から逃げながらミッションを達成していく

同校の金井義明教頭は、「レクリエーションは大いに盛り上がり、転校生との距離もぐっと縮まった。子供たちはテレビ番組からヒントを得たとのことだが、大人には到底思いつかない、大胆かつユニークなアイデアだと思う」といいます。

このように、同校では次から次へと新しい企画提案が子供たちから出され、実行に移されました。コロナ禍で多くの活動が制限される中、「どうすればできるか」を子供たちが主体的・協働的に解決していったのです。「災い転じて福と為す」とはまさにこのことで、こうした活動を通じて得た資質・能力は、「予測不可能な社会」を生きるための力となったことでしょう。

また、同校では教職員も自由な発想の下、端末を積極活用しています。2020年3月に一斉休校に突入した際には、5年生の担任と情報化推進メンバー、ALTがタッグ

子供たちが考案した「Zoom鬼ごっこ」

を組み、いち早くオンライン授業を実施しました。また、その様子を見学したほかの先生も、「私もやってみよう！」と、果敢にチャレンジしました。熊本市内の学校が、一斉にオンライン授業を開始したのは4月15日でしたから、それよりも1カ月以上も早く始めていたことになります。学校再開後は、日頃の授業におけるＩＣＴの活用も、より積極的に行われるようになったそうです。

ちなみに同校は、端末の先行導入校でもモデル校でもありません。金井教頭は、「熊本市内では、ごく平均的な学校。端末が導入されると決まったとき、教員は期待よりも不安のほうが大きかった。これで授業を変えるという意識も、それほどあったわけではなかった」といいます。そんな学校で、なぜこれほどまで活発に、ＩＣＴの活用が進んだのでしょうか。

平野校長は、「わくわくする学校」を目指すために、3つのことを意識したといいます。「自分の得意を生かす」「やりたいことをやれる環境」「ワクワクの共有を図る」です。

「子供や教職員が自分の『好き』や『得意』を生かし、何かを『やってみたい』といったとき、校長が『ちょっと待て』ではなく、『いいね。やってみたら』といえるかどうか。そのためには覚悟も必要。そうすることで、教室や職員室に『やってみようよ』という支持的風土も生まれ、『わくわく』が共有されていく」

同校では、こうした平野校長の基本姿勢が、子供や教職員に「やってみよう」というチャレンジ精神を生み出しました。そうした空気感が学校中に広がる中で、ＩＣＴの活用もごく自然と広がっていったという見方ができそうです。

CASE 3

生き生きと端末を使う生徒を見て、教員にも活用が浸透！

熊本市立北部中学校

「生徒会活動」で生徒たちがＩＣＴをフル活用

熊本市内の中学校の中でも、特にＩＣＴの活用が進んでいる学校の1つが、北部中学校です。同校では、日々の授業や家庭学習、学校行事、生徒会活動など、あらゆる場面でＩＣＴが活用されています。活用が広がりにくいといわれる中学校において、どのように取り組んだのでしょうか。

起点となったのは、生徒会活動のリニューアルでした。同校の上野正直校長は、その経緯を次のように説明します。

「校長が『使え』といっても教員は使わない。ときに反発を招くこともある。でも、自分で納得すれば使う。本校では、生徒会活動で生徒たちが生き生きと使っている様子を見て、『これはいいんだな』と多くの教職員が思い、それが結果として教科での活用につながっていった」

同校は教育目標として、「人とつながる社会とつながる未来とつながるＥＳＤ～Well-being 2020～」を掲げています。教育目標に「ＥＳＤ」（持続可能な開発のための教育）や「Well-being」（ＯＥＣＤ「Learning Framework 2030」より）などの横文字が入っていること自体、珍しいことですが、教育の世界的な潮流も踏まえつつ、子供たちを主体的な学習者にしたいという学校の基本姿勢が伝わってきます。実際、同校ではそうした資質・能力の育成を目指し、あらゆる教育活動をＰＢＬ型（34ページ参照）にシフトしてきました。

同校では、そうした視点から生徒会活動もＰＢＬ型にリニューアルし、時間割の中に位置付けました。具体的に、「特別活動」の生徒会活動と「総合的な学習の時間」の融合を図り、年間22時間を「hokubu SDGs」とし、生徒会委員会活動の探究の時間に割り当て、水曜日を「ノー部活デー」にして5・6時間目に配置したのです。

その2時間を活用し、同校では計15の委員会がそれぞれ、1～3年生の縦割りチームでさまざまなプロジェクトに取り組んでいます。具体的な活動例を紹介します。

○ 調査統計委員会……通称「データサイエンス委員会」。地球温暖化と水不足の問題について端末などを使いながら調べ、得られたデータをNumbers（表計算ソフト）でグラフ化。メンバー間で話し合いながら、最終的に問題解決策をkeynoteにまとめ発表する。

○ 安全委員会……校区の3つの小学校の通学路などを歩いて回り、「街灯がない」「カーブミラーがない」などの危険個所を確認して撮影。iMovie（動画編集ソフト）を使い、3分程度の「危険箇所紹介動画」をニュース番組風に制作する。

各委員会が、単なる「活動」にとどまらず、問題解決に向けて主体的・協働的に取り組む「プロジェクト」になっていることが分かります。また、どの委員会もICTをフル活用していることも分かります。それは「先生に使うようにいわれたから」ではなく、ミッションを達成する上で、生徒自身が必要だと判断したからです。

3年生社会科のPBL型授業「1000万円で公園を造る」

同校では委員会活動がきっかけとなり、各教科でのICTの活用も広がっていきました。例えば2020年度は、社会科の授業で3年生が、端末を使って次のような学習課題に取り組みました。

> 近年、人口の増加が著しい○○市。若い世代を取り込むために、新しい公園を造成することになった。あなたは市長として、住民の意見を取り入れた公園設備の配置と使用のルールを決めることになった。公園のコンセプトを明確にして、配置図をつくりなさい。

予算は「1000万円」。生徒たちは4人グループで公園のコンセプトを話し合った後、インターネットで費用なども調べながら、何を配置するかを決めていきました。

端末を使ってプレゼン資料を作成する生徒

配置図づくりの実作業で活用したのは、授業支援アプリのＭｅｔａＭｏｊｉです。生徒たちは話し合いを重ねながら、ベンチ、水道設備、樹木、天然芝、自動販売機、ハンモック、防犯設備などを次々と配置していきました。中には、「放課後に子供がお年寄りと遊べる学童公民館」や「子供が飛び跳ねると発電する発電マット」など、ユニークな施設・設備を考案するグループもありました。

　配置図が完成した後、生徒たちは電子黒板を使ってクラス全員の前で発表しました。さらには熊本市役所の区長をはじめ、職員の方を招いてプレゼンテーションも行いました。その過程では、「芝生だと車椅子の人が動きにくいのでは」「ハンモックは絡まって事故が起こる危険性がある」など多くの提言・助言を受け、配置図の改善を重ねていきました。

　この活動は、公民の「地方自治と私たち」の単元に位置付けられます。生徒たちは、「住民が喜ぶ公園造り」とい

「MetaMoji」を使って生徒たちが協働で造り上げた公園の配置

う活動を通じて、「公平・公正」に基づき進められる地方自治の考え方や仕組みなどを理解していきました。

単に重要語句を暗記するだけなら、こうした学び方は非効率かもしれません。しかし、「公園造り」という実社会さながらのプロジェクトを通じて学んだことは、受験勉強で役立つ知識という枠を超え、実社会を生きて行く上で使える知識となったに違いありません。

「北部ESD学びの地図」の作成

近年は、SDGs（持続可能な開発目標）やESDに取り組む学校が少なくありませんが、その多くは総合的な学習の時間での単発的な取り組みとして行われています。そんな中、同校ではこれを全校レベルでの体系的な取り組みにすることを目指し、「北部ESD学びの地図」としてまとめました（左ページの図）。ESDの主要テーマである「環境」「安全」「健康」「郷土・地域」「伝統や文化」の5分類ごとに、各教科でどのような資質・能力を高めていくべきかを整理したのです。この図を作成する作業（118ページ写真）を通じ、先生は教科間のつながりも意識するようになったといいます。

　また、同校ではキャリア教育にも力を注いでいます。その取り組みは、単なる職業体験などにとどまらず、生徒たちが「北部ESD学びの地図」にある資質・能力を自己実現に必要な「基礎的・汎用的能力」と捉え、SWOT分析※も行いながら、PBL的な活動に取り組むといったものです。

　また、同校の校務分掌に目を向けると、ベテラン、中堅、新任を含めた「DXアジャイル」という8人のチームを編成し、上述したESDやキャリア教育の推進に向けて、取り組んでいます。PART2で述べた「情報化推進チーム」がこれに該当しますが、メンバーの多くはICTの活用促進というより、「授業をどう変えるか」を意識して

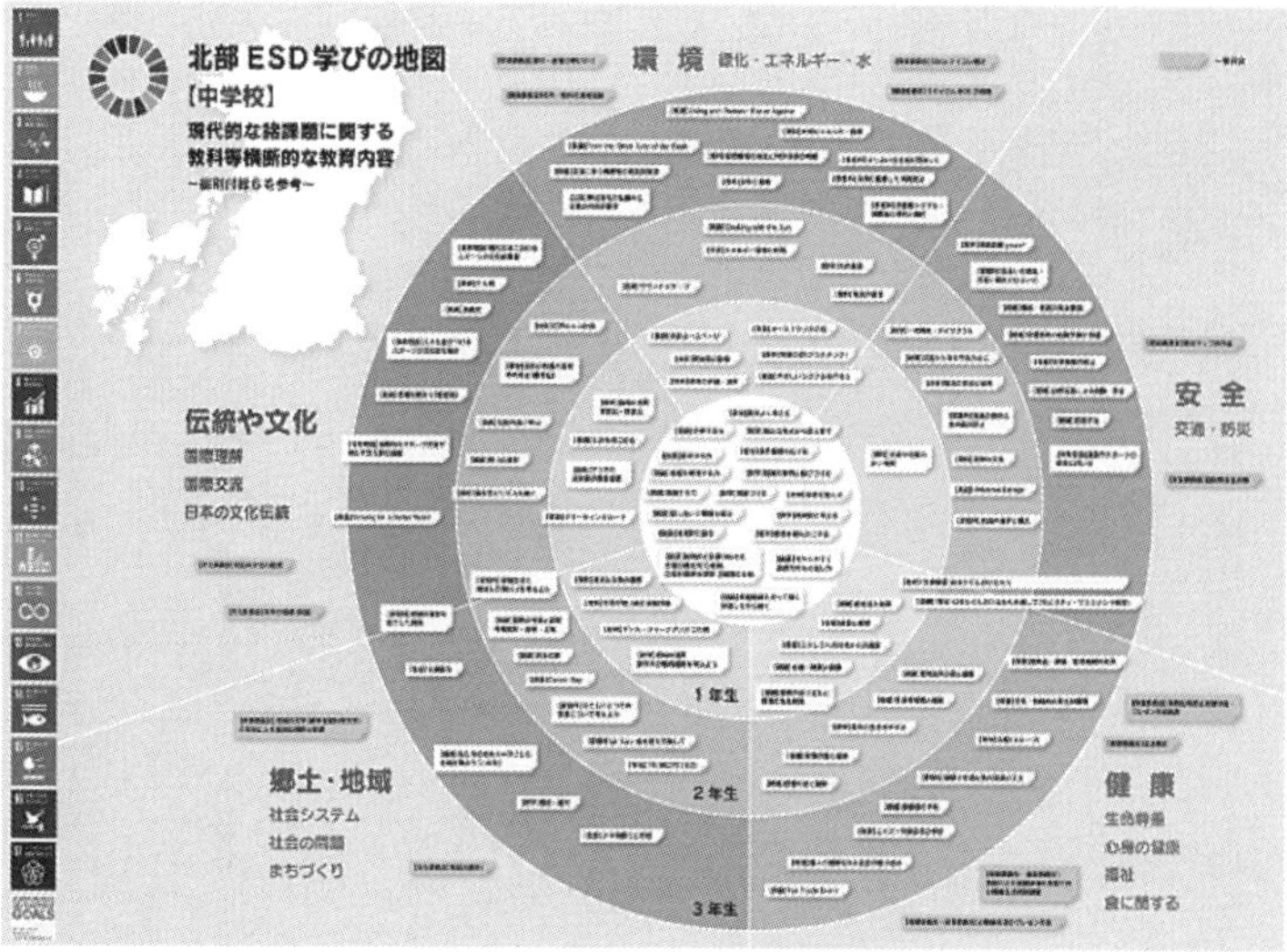

「北部ＥＳＤ学びの地図」

取り組んでいるとのことです。「理念・目標を『はっきり』と示し、その実現に向けた教育計画や校務分掌を『しっかり』とつくり、結果を『くっきり』と出す。そんな学校経営を意識している」と上野校長はいいます。

以上ここまで、城東小学校、帯山西小学校、北部中学校の実践事例を紹介してきました。3つの学校には、2つの共通点があります。1つ目は、学校として、端末の活用自体を目的に据えていないという点です。2つ目は、管理職が声高に活用を呼び掛けるようなこともしていないという点です。

どの学校も「どのような子供たちを育てたいか」のビジョンを明確に示し、そのゴールに向かって教員や子供たちが最適な手段を選んだ結果として、ICTの活用が自然と広がっていきました。この事実は、「GIGAスクール・マネジメント」において、覚えておきたいポイントの1つと

「北部ESD学びの地図」の作成

いえるかもしれません。

※SWOT分析…自身や組織にとっての「強み（Strength）」「弱み（Weakness）」「機会（Opportunity）」「脅威（Threat）」を知り、それを分析することで、目指すべき方向性などを検討すること。

CASE 4
カリキュラム・マネジメントでプログラミング教育を発展させる
熊本市立楡木小学校

プログラミングに詳しい先生はほとんどいなかった

このPARTの最後に、学校全体でプログラミング教育に取り組んだ熊本市立楡木小学校（原山照美校長）の事例を紹介します。取材に対応してくれたのは、同校でICT活用の推進役を担ってきた西尾環先生です。「管理職」による「活用促進」というテーマとは少し異なるかもしれませんが、GIGAスクール構想下におけるカリキュラム・マネジメントの事例として、参考にしていただけたらと思います。

熊本市立楡木小学校は、２０１９年度から市の委嘱を受ける形で、プログラミング教育の研究実践をスタートしました。当時、同校は特にＩＣＴの活用が進んでいたわけではなく、プログラミングに詳しい先生もほとんどいませんでした。しかし、現在はすべての学年でプログラミング教育が展開され、系統的な指導計画もつくられています。この2年間、どのように取り組んだのでしょうか。

「スタート当初はプログラミングがどのようなものかさえ知らない教員も多かったので、情報通信総合研究所の平井聡一郎先生をお招きし、実際に授業をやっていただいた。平井先生の授業を見て、多くの教員が『プログラミング教育って、こういうものなのか』と、イメージをもつことができた」

西尾先生は、当時の状況をそう振り返ります。同校ではこの日を境に、前田康裕先生（本書監修者）のサポートも受けながら、プログラミング教育の全校的な取り組みをス

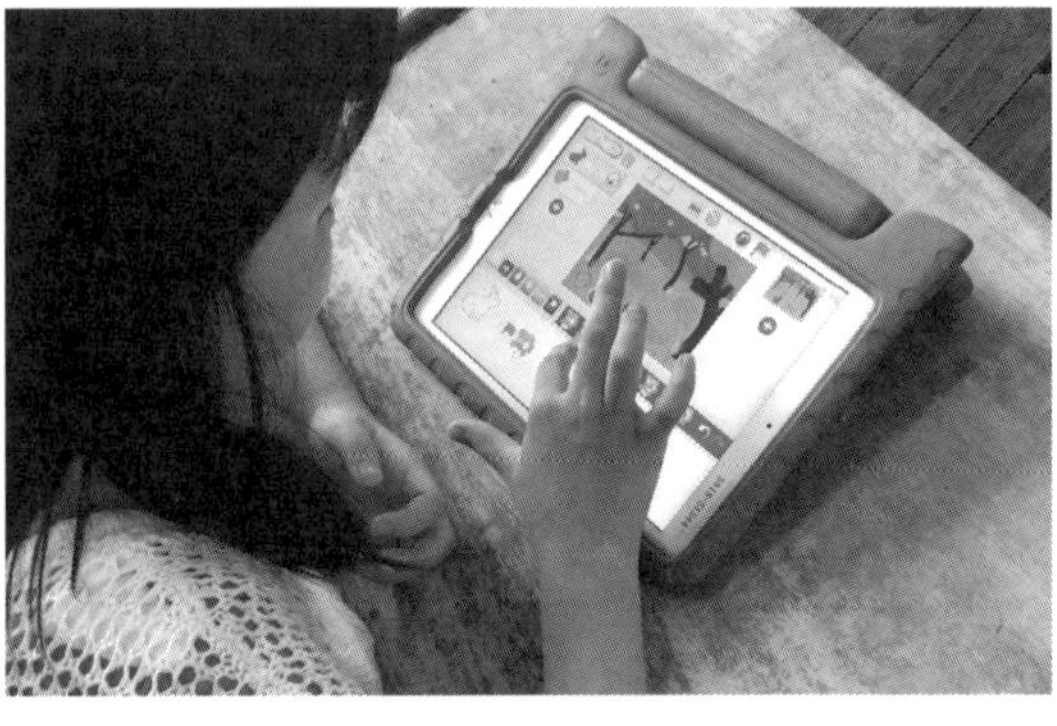

「ＳｃｒａｔｃｈＪｒ」を使ってムービーを制作

タートさせました。

初期の頃、同校で主に活用していたのは「ＳｃｒａｔｃｈＪｒ（スクラッチジュニア）」というアプリです。３年生以上の最初の授業では、このアプリで西尾先生がモデルとして作成したムービーを子供たちが再現する活動に取り組みました。猫が森の中を歩き、ジャンプをしてくるりと１回転して、川に落ちて「ドボン」と音が出るというムービーです。キャラクター（猫）と背景（森）はあらかじめ用意されているので、子供たちは「歩く」「ジャンプ」「回転」「落ちる」のピース（動作コマンド）を組み合わせて、ムービーと同じ動きを再現しました。「どの子も夢中になって取り組んだ。次々と新しい動きを試してみようとするので、『今日はここまでにしてね』と制約をかける必要があるほどだった。プログラミングを覚える子供たちのスピードは、すさまじいものがある」と、西尾先生はいいます。

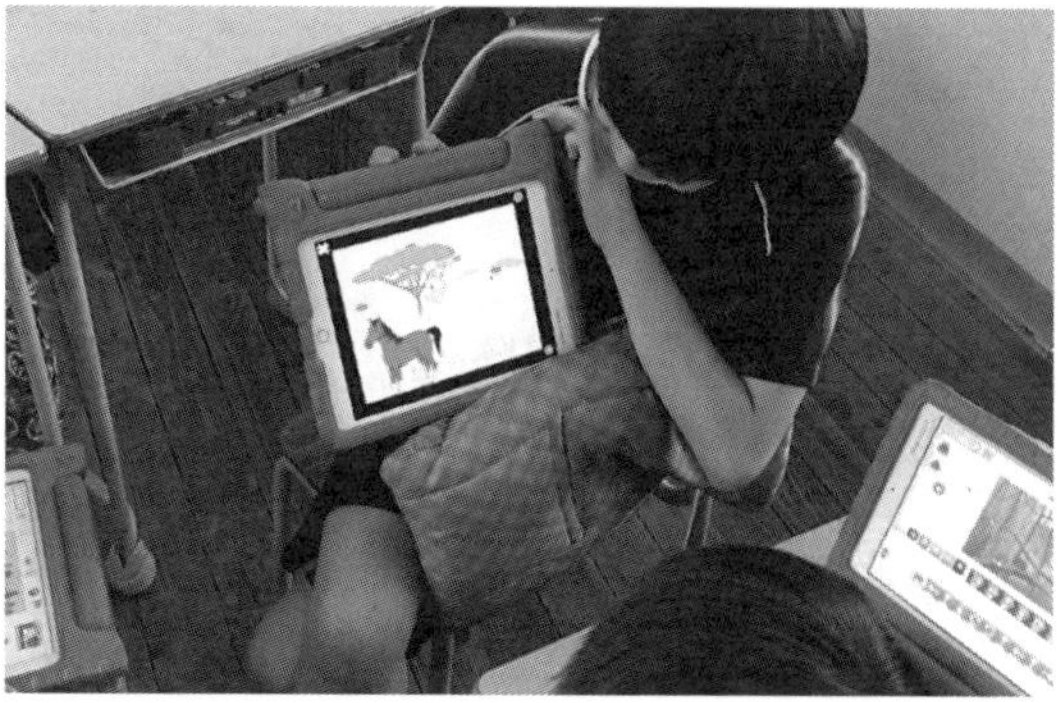

プログラミングで作った動画を見せ合う児童

ＳｃｒａｔｃｈＪｒでは、キャラクターや背景を自作することもできます。次なるステップとして、5年生の子供たちは次年度に入学してくる1年生向けに、キャラクターが学校を紹介するムービーの制作に取り組みました。そうして学校全体で実践に取り組む中で、少しずつ発達段階に適したアプリというものも見えてきました。そして、低学年が「Ｖｉｓｃｕｉｔ（ビスケット）」、中学年がＳｃｒａｔｃｈＪｒ、高学年がＳｃｒａｔｃｈを活用することが、年間指導計画の中に位置付けられました。

グループでのＰＢＬ型学習にプログラミングを取り入れる

「プログラミング」と聞くと、1人ひとりが画面に向かい、黙々と取り組むようなイメージをもつ人が多いことでしょう。しかし、同校では学習の流れに一工夫を加え、グループ活動でのプログラミングにも取り組みました。6年生が取り組む「防災アプリケーションデザイン」というＰＢＬ型の学習に、プログラミングを取り入れたのです。

具体的な活動の流れは、次の通りです。

① 防災について地域の人に話を聞く
② 聞いた話を基に避難行動や避難所で活用できる防災アプリを考案する
③ 考えたアプリについて、プレゼンテーションソフトにまとめて発表する。その際には、プログラミングを取り入れる

なかなかハードルの高い課題ですが、子供たちは知恵を絞って、ユニークな企画提案の数々を行いました。その1つに、「スフィロボルト」を使った「人助けロボット」があります。「スフィロボルト」は、野球の球くらいのボールをプログラミングで動かし、光らせたり、文字を表示させたりするロボットのボールです。

同校の子供たちは、地域の人から「車椅子だと、人の多い避難所では思うように移動できない」という話を聞き、人の代わりにスフィロボルトが係の人の所へ行って、「食事を届けてください」などの用件を伝えることを考案しました。そして、実際に避難所の見取り図をつくり、プログラミングをしてスフィロボルトを動作させ、アイデアを形にしました。「子供たちは『困った人たちの役に立ちたい』という思いもあって、より熱心に取り組んだ」と西尾先生はいいます。

「スフィロボルト」を用いた「人助けロボット」

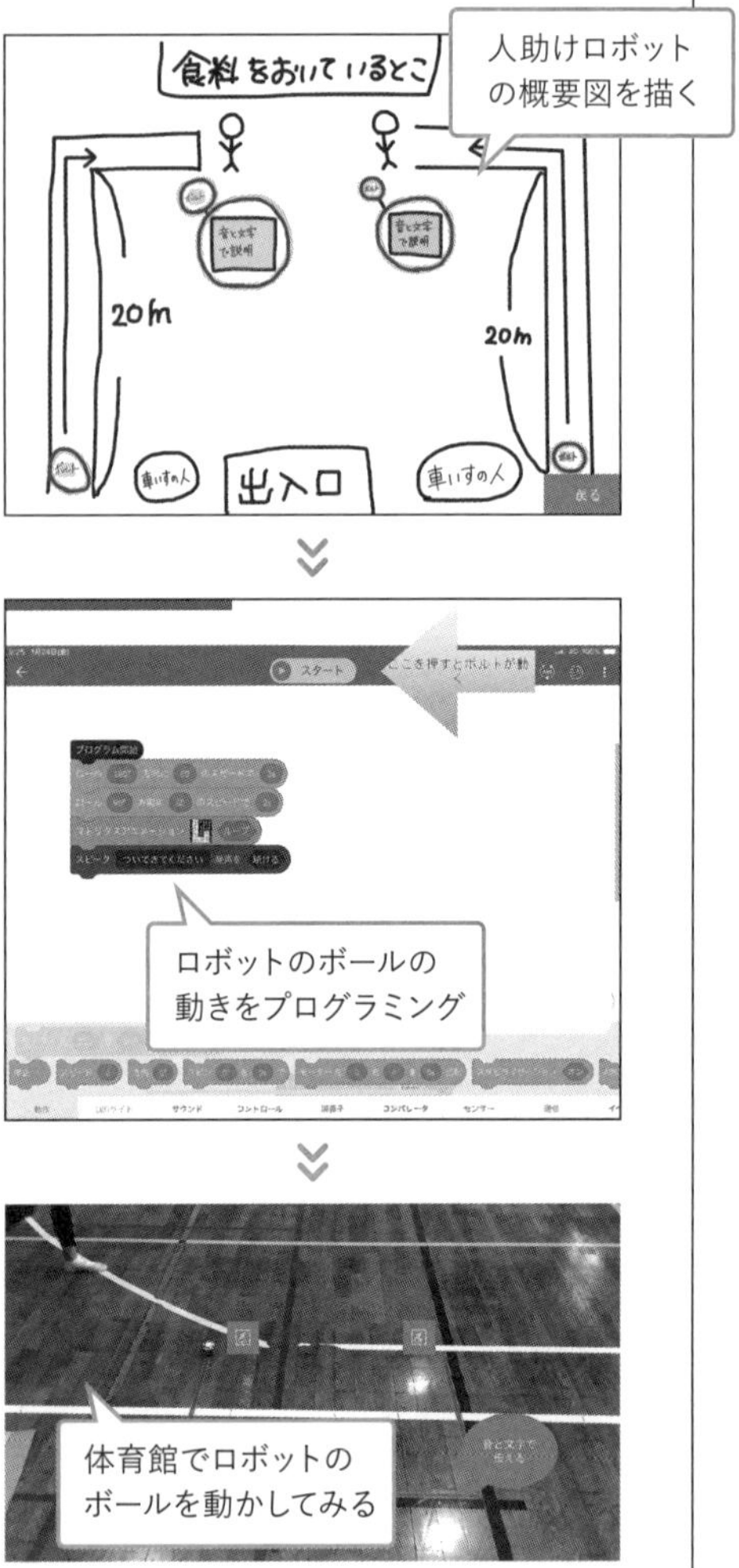

年間指導計画の中にどう位置付けるか

2020年度はコロナ禍もあって、プログラミング教育に十分取り組めない学校も多かっ

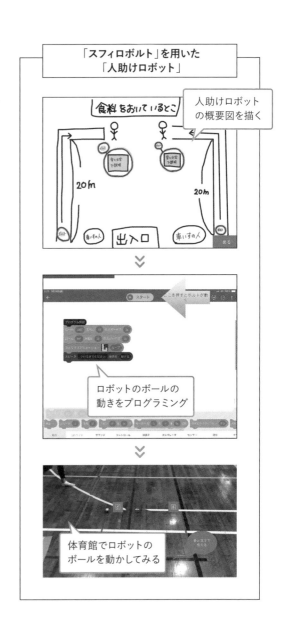

たと思います。しかし、2021年度以降は、1人1台の端末も導入されたこともあり、本腰を入れて取り組むことが求められています。

学校として、どのような視点で、教育課程に組み込んでいけばよいのでしょうか。文部科学省の「小学校プログラミング教育の手引（第三版）」では、プログラミング教育を以下の6つに分類しています。

A　学習指導要領に例示されている単元等で実施するもの
B　学習指導要領に例示されてはいないが、学習指導要領に示される各教科等の内容を指導する中で実施するもの
C　教育課程内で各教科等とは別に実施するもの
D　クラブ活動など、特定の児童を対象として、教育課程内で実施するもの
E　学校を会場とするが、教育課程外のもの
F　学校外でのプログラミングの学習機会

Aについては、代表的なものに、算数の「正多角形」や理科の「電気の利用」などがあります。算数の「正多角形」では、例えば正三角形をかくために次ページの表のようなプログラミ

ングを組むことで、子供たちが「3つの辺の長さが同じ」「3つの角の大きさが同じ」など、正三角形の性質を深く理解することができます。

正三角形をかくためのプログラム例

① ペンを下ろす
② 長さ100進む
③ 左に120度曲がる
④ 長さ100進む
⑤ 左に120度曲がる
⑥ 長さ100進む

プログラミング教育の第一歩としては、これらA分類の学習活動が手っ取り早いところでしょう。

しかし、「これ（A）を行うだけでは、学びの広がりがなく、子供の豊かな発想を生かせない」と西尾先生はいいます。そのため、同校では分類C「教育課程内で各教科等とは別に実施するもの」に相当するスキル学習や短時間のPBL型の学習を取り入れています。

さらに工夫が必要なのは、分類B「学習指導要領に例示されてはいないが、学習指導要領に示される各教科等の内容を指導する中で実施するもの」です。楡木小学校は、分類Bの学習活動としてPBL型の「防災アプリケーションデザイン」を開発しました。

これらの意図について、西尾先生は次のように説明します。

「教科等のねらいとプログラミング教育のねらい、その2つの重なるところに、『教科で行うプログラミング』がある。教科のねらいは多くの教員が理解していると思うので、これからはプログラミング教育のねらいを押さえておく必要がある」

プログラミング教育のねらいは、先述した「小学校プログラミング教育の手引（第三版）」に、次の3つが示されています。

①「プログラミング的思考」を育む

②プログラムの働きやよさ、情報社会がコンピュータ等の情報技術によって支えられていることなどに気付き、コンピュータ等を上手に活用して身近な問題を解決したり、よりよい社会を築いたりしようとする態度を育む

③各教科等での学びをより確実なものとする

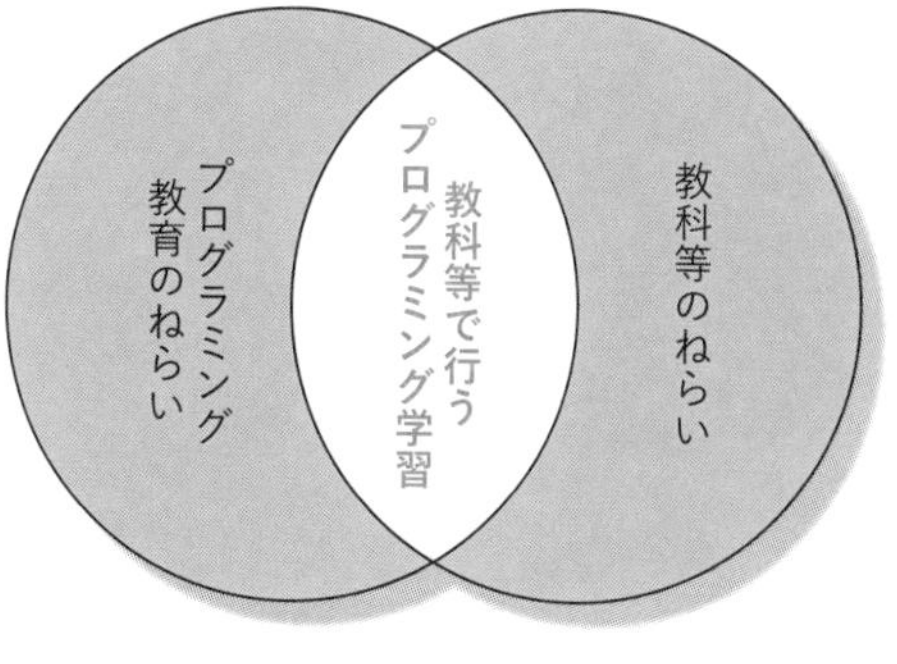

教科のねらいとプログラミング教育のねらいの関係

同校では、各教員がプログラミング教育を実施しながら、幾度となくこの3つのねらいに立ち返りました。そして、教員同士で対話を重ねながら、育てたい資質・能力の系統をつくり、年間指導計画をつくり上げていきました。

ちなみに、129ページの表は、同校が埼玉県久喜市立太田小学校とベネッセの資質・能力評価基準表や系統表を参考にしながら作成した「プログラミング教育で育成したい資質・能力」の系統表の一部です。「思考力・判断力・表現力」の記述内容を見ると、同校がプログラミングを通じてどのような力を育てようとしているかがよく分かります。

プログラミング教育の意義について西尾先生は、「先々を見通し、手順を考え、見通しをもって行動する。日常生活そのもので必要な力を高めるのがプログラミング教育」といいます。この言葉からも、プログラミングが単なるICTスキルにとどまらず、複雑化する社会を自律的に生きていく力を育むものであることが分かります。

（抜粋）プログラミング教育で育成する資質・能力の系統表（楡木小　案）

資質・能力	目　標		レベル1（1・2年生）
知識・技能 **（知ること・技）** 身近な生活でコンピュータが活用されていることや、問題の解決には必要な手順があることに気付くこと。	・身近な生活でプログラミングが使われていることやコンピュータが世の中の役に立っていることに気付く。 ・問題解決のために、コンピュータに指示を出すには、必要な手順があることに気付く。		・身近な生活でコンピュータが活用されていることに気付いている。 ・コンピュータはプログラムで動いていることに気付いている。 ・順序がある場面を知り、順次処理を使った簡単なプログラミングができている。
思考力・判断力・表現力等 **（考え、表す）** 発達の段階に即して、「プログラミング的思考」を育成すること。 ※プログラミング的思考が右の6つの要素で構成されるものとする。	**論理的に考えを進める**	論理的推論と分析を行うこと。	目的に合わせて自分なりの予想をしている。
	動きに分ける	自分が意図する一連の活動を実現するために、大きな動き（事象）に分割すること。いわゆる分割。	大きな動きはいくつかの小さな動きに分けられることに気付いている。
	記号にする	分解した動き（事象）の適切な側面・性質だけを取り出して他の部分を捨てること。いわゆる抽象化。	目的に合わせて、必要な要素を選択肢から選ぶ。
	一連の活動にする	記号（動き）の類似の部分を特定して、別の場合でも利用できる内容にすること。いわゆる一般化。	ものごとの中に類似性や関係性があることに気付いている。
	組み合わせる	同様の事象に共通して利用できる明確な手段を創造すること。	ものごとには順序よく手順があることに気付いて、手順を作っている。
	振り返る	目的に応じて、必要充分な評価の観点を考え、実行したことが意図した活動に近づいているかどうか評価すること。	手順がよかったかどうかを考えている。
学びに向かう力・人間性等 **（生かす力・人間性）** 発達の段階に即して、コンピュータの働きを、より良い人生や社会づくりに生かそうとする態度を涵養すること。	**主体性・粘り強さ**	新たなことでもチャレンジし、粘り強く取り組むこと。	情報機器に興味を持って触り、課題に対して最後までやろうとしている。
	協働力・創造力	他者を尊重し、他者と一緒に創造しようとすること。	自分や他者の意見やアイデアを大切にし、助け合ってプログラミングをしようとしている。
	生かす力	新しいものや価値を創り出し、生活や社会に生かそうとすること。	自分の生活にプログラミングで学んだ考え方を生かそうとしている。

PART 5

現場が安心して活用できるようにする
―ICT支援員のマネジメント―

このPARTでは、熊本市のICT活用の大きな原動力となったICT支援員について見ていきます。熊本市のICT支援員は、単なる「ヘルプデスク」ではなく、授業支援や教材作成、研修サポートなど、実に幅広い仕事を行っています。

「ICT支援員」は宝！

ICT支援員の存在は、ここ4～5年のうちに、世間的にもよく知られるようになりました。とはいえ、ICT支援員が具体的にどんな仕事をしているのか、正しく理解している人はそう多くありません。そこでこのPARTでは、熊本市の取り組みにスポットを当てる形でICT支援員の活動内容を紹介するとともに、望ましいICT支援員の配置・運用等の在り方について考えてみたいと思います。

「ICT支援員」という言葉が定着したのはここ数年ですが、そのずっと以前から、学校のICT化を支える外部スタッフは、多くの自治体が配置していました。日本の学校にパソコン教室が設置され、情報教育が本格化し始めたのは2000年代前半ですので、恐らくその当時から、そうした職種の人が配置され始めたものと思われます。熊本市でも、2001年に「ヘルプデスク」という名称の専門スタッフを配置し、パソコンなどの機器に関わる学校からの問い合わせに対応してきました。

その当時から約20年にわたって熊本市の学校のICT化を支え、現在はリーダーとして支援員全体を束ねる早川裕子さんは、当時の状況について「問い合わせの多くは、『パソコンが起動しない』『ネットにつながらない』など機器トラブルへの対応だった。先生方には『修理屋さん』『業者さん』というふうに見られていたように思う」と、振り返ります。

全国的に見れば、今現在も「ICT支援員＝機器のメンテナンスをする人」とのイメージをもつ人は少なからずいます。もちろん、機器トラブルにも対応はしますが、それは業務の一部にすぎません。実際には「授業支援」や「教材作成」、「研修サポート」など、実に幅広い仕事を担っています。

現場の先生方が、そうした支援員の立ち位置を理解せず、「修理屋さん」「業者さん」的な捉え方をしているようだとすれば、少しもったいない話です。「最初の頃は、私が学校を訪れても先生方はどこかよそよそしく、思うようにコミュニケーションをとることができなかった」と早川さんは振り返ります。

それから約20年、熊本市の「ヘルプデスク」は「ICT支援員」という名称に変わり、2018年以降は人員の大幅な拡充も図られました。教育センターの本田副所長は、「熊本市の学校のICT化において、支援員が果たしてきた役割はとても大きい。支援員の存在がなければ、ここまで活用は広がらなかった。早川さんたちICT支援員は熊本市の宝だ」といい切ります。

なお、ICT支援員は自治体が直接雇用する場合と、業者に委託する場合があり、熊本市の場合は後者で、NPO法人アイシーティーサポートスクエアに委託しています。所属するICT支援員は、もともとIT系の仕事に従事していた人が中心でしたが、昨今では、営業職やスポーツインストラクター、教員免許状所持者など、多様な人材が増えてきたといいます。また、「認定ICT支援員」「教育情報化コーディネーター」など、会社で推奨している資格の取得者も増えてきています。一方、学校現場で働いたことのある人は少ないので、支援員として長いキャリアをもつ人を除けば、学校事情に精通しているわけではありません。教員が授業支援や教材作成について相談する場合、その点は頭に入れておく必要があります。

7．1校に1人の支援員

日本では、学校におけるパソコン教室の整備が2000年代前半から進められてきたにもかかわらず、ICT支援員の配置は遅々として進んできませんでした。2018年度末時点における配置は全国で約2300人となっており、小中学校数（約3万校）で単純に割ると、13校に1人程度しかいない計算です。

そのため、文部科学省では「教育のＩＣＴ化に向けた環境整備５か年計画」で単年度１８０５億円の地方財政措置を講じ、ＩＣＴ支援員については「４校に１人」を目標値とし、各自治体に配置を促してきました。しかし、地方財政措置は使途が限定されないため、実際に配置するか否かは自治体裁量に委ねられます。その結果、ＩＣＴ支援員の配置状況には、自治体間格差が生じることになりました。

２０２１年現在の配置状況がどうなっているのか、残念ながら全国データはありませんが、「ＧＩＧＡスクール構想」が一気に進んだこともあり、恐らくどの自治体も懸命に数を増やそうとしていることでしょう。とはいえ、国の目標値「４校に１人」を実現しているのは、ごく一部の小規模自治体に限られているものと思われます。

ちなみに、熊本市には２０２０年度末時点で、19人のＩＣＴ支援員が配置されています。公立の小・中・高の数（１３６校）で割ると「７・１校に１人」です。「４校に１人」には足りていませんが、政令指定都市の中ではかなり進んだほうなのは間違いありません。

ＩＣＴ支援員を何人くらい配置するのが適正なのか、各自治体が頭を悩ませると思いますが、「７・１校に１人」の熊本市の実態はどうなのでしょうか。早川さんは、今の状況を次のように説明します。

「19人いるといっても、センターにいるリーダーやサブリーダー、教材開発をする支援員もいるので、実際に学校を回れるのは16人。そのため、1人当たり9校を受け持っている。ほかの自治体に比べればよいほうだと思うが、1人当たり5校くらいになれば、かなり手厚くサポートができる」

現状、熊本市の学校には、月に3回、ICT支援員が半日ほど常駐し、さまざまなサポートをしています。もし、ICT支援員の数が増え、「1人当たり5校」になれば、その頻度は週に2回に増えます。そうなれば、授業準備から携わった授業に参加することもできるため、先生や子供たちとの距離もぐっと縮まります。また、先生からの質問に答える時間も増え、より充実したサポートができることでしょう。

一方、全国的な状況を見渡せば、1人の支援員が20~30校を担当しているような自治体もあります。そうした自治体では、電話相談で手一杯な状況で、授業支援や教材作成などまでは手が回っていないものと思われます。

なぜ、そうした数しか配置していないのか――予算的な事情もあるとは思いますが、一番の理由は、行政サイドがICT支援員の仕事内容とその効果を認識できていないからです。熊本市の場合は、長年の活動を通じて、関係者の多くが「学校のICT化を進める上で、支援員の存在は不可欠」との認識をもつようになりました。ほかの自治体も、そうした認識が関係者間で共有されれば、配置を増やす方向に針は向くことでしょう。

超大忙しの支援員たち

2020年度における熊本市のICT支援員の組織・体制は、下の表の通りです。全19人を統括する「リーダー」（早川さん）がいて、その下に「サブリーダー」が1人います。市内の学校を訪問し、常駐をする支援員は、「学校訪問リーダー」「学校訪問担当」の計16人で、そのほかに「教材・ツール開発」が1人います。こうした組織・体制を見ても、熊本市の支援員が組織的・体系的に、学校を支援している様子が分かります。

実際に、ICT支援員はどのような日々を送っている

2020年度における
熊本市のICT支援員の体制

リーダー	1人
サブリーダー	1人
学校訪問リーダー	2人
学校訪問担当	14人
教材・ツール開発	1人

のでしょうか。左下の表は、熊本市のある支援員（学校訪問担当）の1週間（平日）です（校名は伏せています）。「常駐」とある部分では、学校に半日ほど滞在をして、相談に乗ったり、授業支援をしたり、機器のメンテナンスを行ったりします。「訪問」とは、学校からの要請を受けて訪問する形です。支援員の大半は、自家用車で各学校を回っており、昼食は車内ですませることが多いとのことです。

ちなみに、19人の支援員のオフィスは、熊本市の教育センターの中にあります。教育センターには、熊本市の学校のICT化を中心となって担う「教育情報班」もあるので、支援員と指導主事が日常的に連携をとれる体制が整っています。

なお、教育センターには常に3人の支援員が常駐し、電話相談などに対応しています。相談件数を月別に見ると、最も多いのは4月で、2020年度は約1800件にも上ったそうです。1日平均で見ると約90件の計算になり、ほぼ絶え間なく電話が鳴り続けていたことと思われます。

あるICT支援員の1週間

月	9:00〜 ミーティング 11:30〜 A小（訪問） 13:30〜 B小（常駐）
火	9:00〜 C小（常駐） 12:00〜 D小（常駐）
水	8:30〜 E小（常駐） 12:30〜 D小（常駐）
木	9:00〜 F小（常駐） 13:30〜 G中（常駐）
金	8:30〜 A小（常駐） 13:30〜 H中（常駐）

問い合わせは基本的に電話のみで、メールでは受け付けていません。熊本市には、約4000人もの先生がいますので、メールで対応するとなると、パンクしてしまうからです。

熊本市のICT支援員が行っている活動を、大きく分類すると次のようになります。

①　授業の支援
②　教材の作成
③　研修・校務の支援
④　機器のメンテナンス、トラブル対応

ここからは、これら4つの業務について1つずつ、具体的に見ていきましょう。

「空気」のように振る舞い、教師の授業をサポートする

まず授業支援についてですが、その方法は多種多様です。すでに授業内容が決まっていて、

機器の準備・操作などのサポートをすることもあれば、先生とともに授業内容を考えるところから始まることもあります。

授業内容が決まっている場合は、訪問日時を決めた上で、どんな機器・アプリを使ってどんな授業をするのかを先生から事前に聞いて、授業に臨みます。熊本市では、Ｚｏｏｍを使った遠隔地との交流など、比較的高度な機能を活用する授業も数多く行われていますが、そうした場合でも「支援員がいてくれると、安心して授業に臨める」と先生方は口をそろえます。

授業内容が決まっておらず、「こんな授業を考えているのだけど、ＩＣＴをうまく活用できないか」といった形で、相談を受けることもあります。その場合は、どのような単元のどのような授業なのかを聞き、ＩＣＴを活用する意義なども踏まえた上で、使えそうなアプリや機能を提案し、一緒に授業内容を練り上げていきます。

具体的な事例を1つ紹介します。ある支援員が、小学校の5年生担当の先生たちから「子供たちが英語で道案内をする」という外国語科（英語）の授業で、プログラミングアプリＳｃｒａｔｃｈを取り入れられないかと相談を受けました。先生は「Ｓｃｒａｔｃｈについて詳しくなく、不安」ということで相談してきたのです。そこで、まずは算数の授業でこのアプリを使い、「正三角形をかく」というプログラミングを実践することにしました。そうして子供たちがＳ cratchに慣れた後、先生の要望であった次のような授業ができるようサポートしました。

① 児童Aが、画面の地図上のある地点に宝箱を隠す
② 地上にはキャラクターがいる。児童Aが、宝箱が隠された場所を知らない児童Bに、宝物までの道順を英語で説明する
③ 児童Bは児童Aの説明を聞き、キャラクターが宝箱までたどり着くよう、動きをプログラミングする
④ 児童Bが考えたプログラムでキャラクターが宝物にたどり着くと、宝箱の中身が見える

授業を行った先生は、「課題もあったけど、思い通りの授業ができてよかった」と話していたそうです。

なお、授業支援のポイントについて早川さんは、次のようにいいます。

「授業をする主体はあくまでも先生。支援員は空気のように振る舞いつつ、先生がスムーズに授業ができるよう、適切にサポートすることが大事」

空気のように振る舞いつつ、適切にサポートする――そのためのコツをつかむには「経験を

積むしかない」」と早川さんはいいます。そのため、経験の浅い支援員はベテランの支援員に同行させ、一緒に授業に参加してもらうなどしています。

また、学校に常駐した際に、時間がある場合は、なるべく授業を見て回るように伝えているそうで、「たとえICTを使わない授業でも、見学することで活用のポイントが見えてくる」と早川さんはいいます。

教師の「願い」を聞いて、オリジナル教材を開発

ICTの活用が進むと、次から次へと自作のオリジナル教材が生まれます。その多くは、先生によって生み出されたものですが、熊本市ではICT支援員がそうした教材づくりをサポートしたり、自ら教材を作成したりすることもあります。支援員が有する専門的な知識・スキルが生かさ

教室と消防署をZoomでつなぐ授業をサポートする早川さん（写真左奥）

れることで、極めて便利かつ効果的な学習教材が誕生することも珍しくありません。

いくつか具体例を紹介します。ある支援員は、複数の先生から「心情メーター」をよく使うが、これをアプリで代替できると便利」という話を聞いていました。「心情メーター」とは、子供がそのときの気持ちや考えを表現する教材で、道徳の授業などでよく使われるものです。これまでは、教員が厚紙などで手づくりしていました（写真参照）。

この話を聞いて、その支援員はＭｅｔａＭｏｊｉを活用して、「心の数直線」というオリジナルのデジタル教材を作成しました。子供たちが、「好き65％」「嫌い35％」といった気持ちを

従来のアナログな「心情メーター」

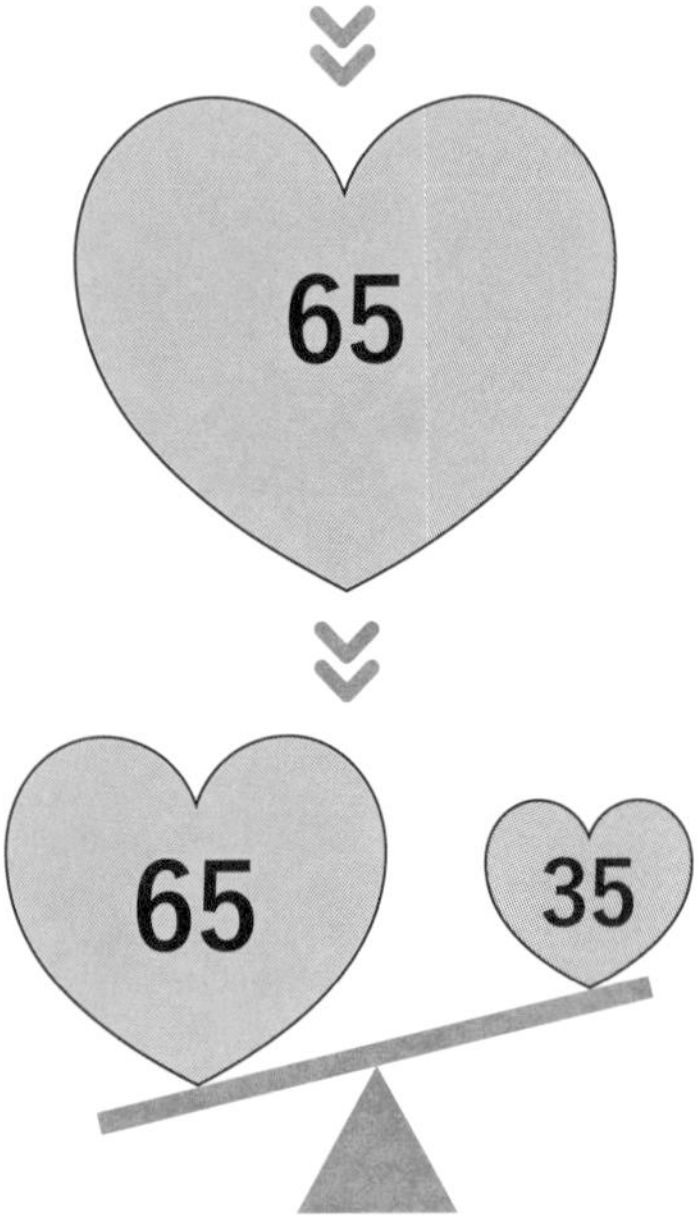

ICT支援員が作成したオリジナルの教材「心の数直線」

左のQRコードから実際に現物にアクセスし、誰でも使用することが可能

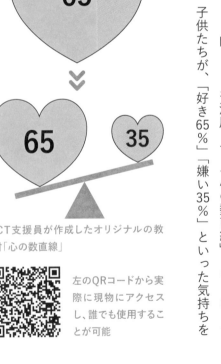

表現できる教材です。教材はその後、円よりハート形がいいという要望で改善し、さらに天秤のように傾けたいという要望を受け、「教材・ツール開発担当」の支援員が作成しました。

こうした教材づくりは時間がかかるため、学校を訪問する支援員は、なかなか時間がとれません。そのため、熊本市では開発担当の支援員を置き、過度の負担にならないよう配慮しています。

なお、「心の数直線」はその後、熊本市教育センターのホームページでも公開され、多くの先生に使われています（ＵＲＬは公開されており、熊本市以外の教員も使用可能。前ページのＱＲコード参照）。

また、ある小学校の先生は子供たちが授業で学んだことや気付いたことなどを記入する「振り返りシート」（次ページ参照）について、「子供たちが記入した自己評価を、リアルタイムでグラフにできないものか」と考えていました。グラフを作成するだけなら、さほど難しくありませんが、リアルタイムでとなると一筋縄ではいきません。そこでＩＣＴ支援員に相談したところ、Ｇｏｏｇｌｅの「Ｃｌａｓｓｒｏｏｍ」「スプレッドシート」の活用を提案され、共に相談しながら思い通りの振り返りシート（145ページ参照）を完成させることができました。

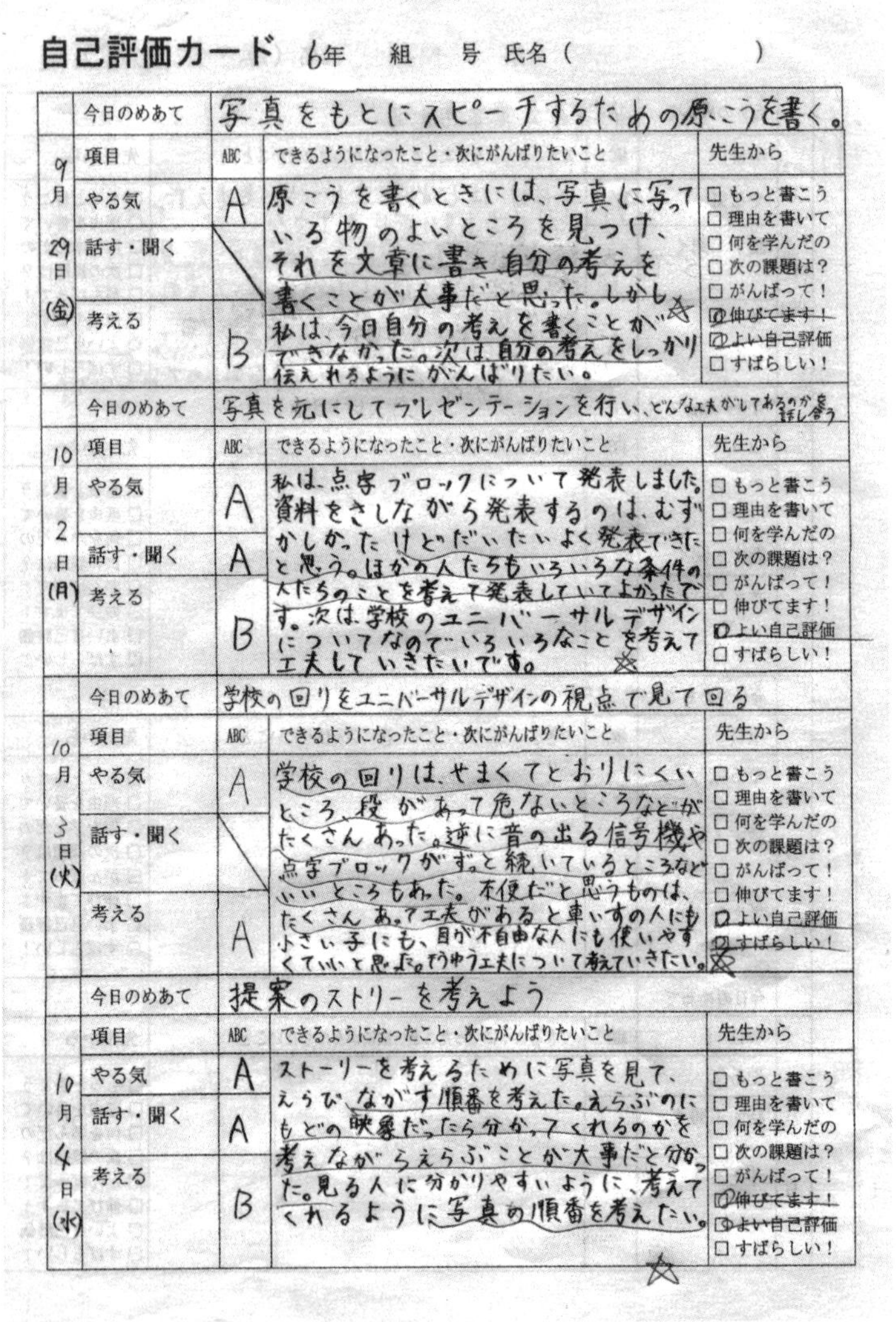

自己評価カード　6年　組　号　氏名（　　　　　）

9月29日(金)	今日のめあて	写真をもとにスピーチするための原こうを書く。		
	項目	ABC	できるようになったこと・次にがんばりたいこと	先生から
	やる気	A	原こうを書くときには、写真に写っている物のよいところを見つけ、それを文章に書き、自分の考えを書くことが大事だと思った。しかも私は、今日自分の考えを書くことができなかった。次は自分の考えをしっかり伝えれるようにがんばりたい。	□もっと書こう □理由を書いて □何を学んだの □次の課題は？ □がんばって！ ☑伸びてます！ ☑よい自己評価 □すばらしい！
	話す・聞く			
	考える	B		

10月2日(月)	今日のめあて	写真を元にしてプレゼンテーションを行い、どんな工夫がしてあるのか話し合う		
	項目	ABC	できるようになったこと・次にがんばりたいこと	先生から
	やる気	A	私は、点字ブロックについて発表しました。資料をさしながら発表するのは、むずかしかったけどだいたいよく発表できたと思う。ほかの人たちもいろいろな条件の人たちのことを考えて発表していてよかったです。次は、学校のユニバーサルデザインについてなのでいろいろなことを考えて工夫していきたいです。	□もっと書こう □理由を書いて □何を学んだの □次の課題は？ □がんばって！ □伸びてます！ ☑よい自己評価 □すばらしい！
	話す・聞く	A		
	考える	B		

10月3日(火)	今日のめあて	学校の回りをユニバーサルデザインの視点で見て回る		
	項目	ABC	できるようになったこと・次にがんばりたいこと	先生から
	やる気	A	学校の回りは、せまくてとおりにくいところ、段があって危ないところなどがたくさんあった。逆に音の出る信号機や点字ブロックがずっと続いているところなどいいところもあった。不便だと思うものは、たくさんあって工夫があると車いすの人にも小さい子にも、目が不自由な人にも使いやすくていいと思った。どうゆう工夫について考えていきたい。	□もっと書こう □理由を書いて □何を学んだの □次の課題は？ □がんばって！ □伸びてます！ ☑よい自己評価 ☑すばらしい！
	話す・聞く			
	考える	A		

10月4日(水)	今日のめあて	提案のストリーを考えよう		
	項目	ABC	できるようになったこと・次にがんばりたいこと	先生から
	やる気	A	ストーリーを考えるために写真を見て、えらびながす順番を考えた。えらぶのにもどの映象だったら分かってくれるのかを考えながらえらぶことが大事だと分かった。見る人に分かりやすいように、考えてくれるように写真の順番を考えたい。	□もっと書こう □理由を書いて □何を学んだの □次の課題は？ □がんばって！ ☑伸びてます！ ☑よい自己評価 □すばらしい！
	話す・聞く	A		
	考える	B		

従来の「振り返りシート」

				色付きのところだけ入力します。	先生から							
	知識・技能	思考力・判断力・表現力	主体的に学ぶ態度	学んだこと(内容・友達から) できるようになったこと 次にがんばりたいこと	もっと書こう	何を学んだの	次の課題は？	がんばって！	伸びています	いい気づき	よい自己評価	すばらしい！
1回目	5		4	私は文学に選んだ人は知っている人でしただけどその人が何をした人なのかわ知らなかったのでこれから調べて行きたいです。	☐	☐	☐	☑	☐	☐	☐	☐
2回目	3	4	4	今日は、タブレットでしか調べることができなかったので、今度するときは、教科書などで確かめながらしたいです。	☐	☐	☐	☐	☐	☑	☐	☐
3回目	4	4	4	教科書などは分かりやすく書いてあるのでやりやすかったです。今度は資料も使って行きたいです。	☑	☑	☐	☐	☐	☐	☐	☐
4回目	3	4	5	調べたことをまとめるのが私は苦手なのであまり上手くはできなかったけど資料を入れたりして人名辞典を書けたので良かったです。こんどは、もっと上手くまとめることが出来るように頑張りたいです。	☐	☐	☐	☑	☑	☐	☐	☐
5回目	4	2	5	今日は、日本が発展していく様子を勉強して行きました。最初はなぜ発展していく必要があるのかは、分からなかったけど不平等条約を改正するために必要と言うことがわかりました。今度人名辞典を作るときは女の人のことを調べてみたいです。	☐	☐	☐	☐	☑	☑	☐	☑
6回目	5	5	5	私は今回5回目のときに、「今度人名辞典を作るときは女の人のことを調べてみたいです」と書いたので私は樋口一葉のことについて調べました。私は樋口一葉については、5000円札にのっていること知りませんでした。だけど今回有名な小説家ということが分かりました。なので今度は人物との関わりについて調べたいです。	☐	☐	☐	☐	☑	☑	☐	☑
7回目		5	5	今日は6回目の時「人物との関わりについて調べたい」と書いたけど調べることができませんでした。だけど人名辞典にQ＆Aコーナーを作ることにしたので面白い人名辞典がつくれそうです。	☐	☐	☐	☐	☐	☐	☐	☐

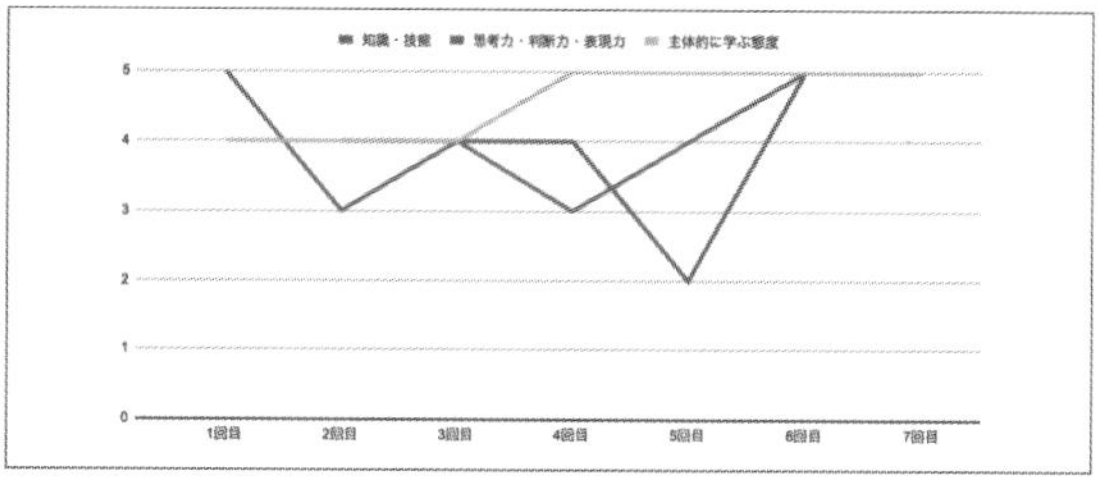

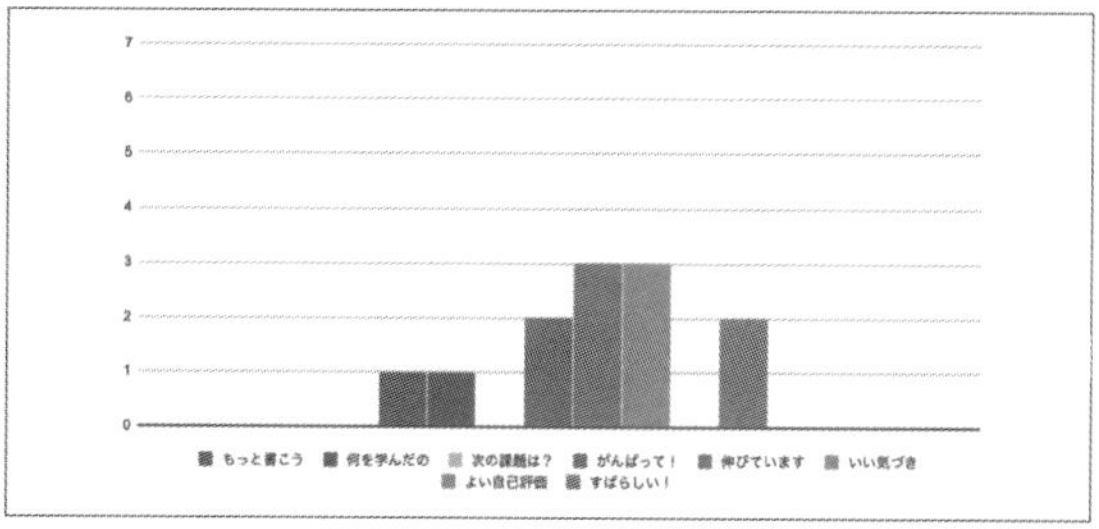

グーグルのスプレッドシートを活用した「振り返りシート」の例

ICT関連の研修も必ず支援員がサポート

熊本市のICT支援員は、授業に関わる事柄だけでなく、研修や校務など授業外に関わる事柄もサポートしています。

例えば、教育センターが実施するICT関連研修には、必ずICT支援員がサポートに入ります。また、2020年度はコロナ禍により、集合研修の多くがオンラインに切り替わりましたが、そうした研修のサポートもICT支援員が行いました。

各学校が実施するICT関連の研修に、ICT支援員が指導主事とともに参加して講師役を務めることもあります。「各学校が実施するICT関連の研修は、年間計画にざっくりと位置付けられ、細かい内容が決まっていないこともある。先生と話し合いながら、研修時間がとれる今、学校に必要な研修は何か、内容をともに考える」と早川さんはいいます。

PART3で紹介したように、熊本市では、放課後などを利用したミニ研修も多くの学校で行われています。

そうした研修にICT支援員が参加し、他校の実践を紹介したり、教材やツールの提案を行ったりすることもあります。

機器のメンテナンス、トラブル対応はどのように行うか

ＩＣＴ支援員には、学校から「ネットがつながらない」「電源が入らなくなった」「アプリが使えなくなった」などの問い合わせが、頻繁に寄せられます。熊本市の場合、リース機器が故障している場合は保守業者に回しますが、設定変更や部品の交換・ケーブル補修などで解決する場合は、ＩＣＴ支援員が対応します。

トラブルの中で最も多いのは、パソコンのトラブルですが、緊急対応が必要なものはネットワーク障害です。学校は日々、何百人もの子供が動き回っているため、ちょっとしたはずみでケーブルが切れたり外れたりすることもあります。

そうしたトラブルがあるたびに、支援員が学校に駆け付

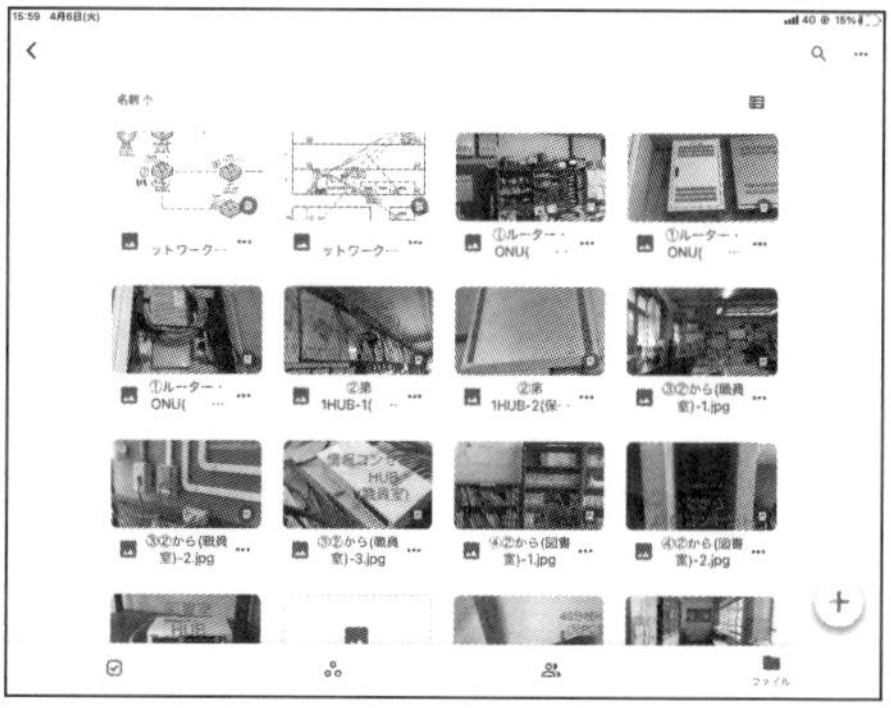

ＩＣＴ支援員が撮影した校内ネットワークの写真。トラブル時の電話対応は、これを見ながら行う

けていては、とても間に合いません。そのため、熊本市では支援員があらかじめ各学校の校内ネットワークの写真を撮影しておき、それを見ながら電話でアドバイスを送るなどしています。最近はＺｏｏｍや「ＦａｃｅＴｉｍｅ」などのオンライン会議システムを使いながら、機器の状況を確認することもあります。

また、学校を訪問する際には「マイ工具」も持参し、切れかかったＬＡＮケーブルがないかなどもチェックします。支援員の多くは、ケーブルの補修くらいであれば、自前の工具でこなしてしまうとのことです。

なお、熊本市の学校にはタブレット端末のほかに、パソコン室や校務ノートパソコンも設置・導入されており、そのうち半数近くの約３５００台はリース契約ではなく、市が購入した備品です。そのため、調子が悪くなった場合は、支援員がセンターに持ち帰って修理することもあります。

教師の「働き方改革」にも貢献

熊本市では、ICT支援員と指導主事が連携をとりながら、教員の負担軽減に寄与するようなツールの開発も手掛けています。具体例を1つ挙げると、例えば端末にインストールされたロイロノート、MetaMoji、ドリルパークなどのアプリは、管理する名簿の様式が微妙に違っています。そのため、以前は先生がわざわざアプリごとに名簿を作成しなければなりませんでした。

そうした課題を踏まえ、ICT支援員が校務支援システムの名簿から、各アプリ用の名簿を一括して作成できるツールを作成しました。これによって、各学校の情報化推進チームの負担は、大幅に軽減されました。

また、各学校単位での校務のスリム化にとどまらず、熊本市のすべての先生が、便利かつ効率的に仕事ができるような環境づくりにも、ICT支援員は重要な役割を担っています。例えば、Google社が教育機関向けに提供しているクラウドサービス「G Suite for Education（2021年2月に「Google Workspace for Education」に改称）」の導入を提言したのも、ICT支援員でした。このサービスはアカウントを登録するだけで、「Ｇｏｏｇｌｅ Ｃｌａｓｓｒｏｏｍ」など、便利なツールの数々が無料で活用できます。

このサービスの利用に向けて、熊本市のドメインを取得しておいたこともあり、一斉休校期間中は全教員のアカウントをＺｏｏｍアカウントと連携させることで、Ｚｏｏｍの40分制限※を解除することができました。

「奇跡のオンライン授業」として、一躍脚光を浴びた一連の取り組みも、裏側にはＩＣＴ支援員のアシストがあったわけです。現在は、教員だけでなく、市内の全児童生徒約６万５千人分のアカウントも発行し、「キャリアパスポート（自らの学習状況やキャリア形成を見通したり振り返ったりしながら、自身の変容や成長を自己評価できるよう工夫されたポートフォリオ）」の蓄積などに活用されています。

※40分制限…Ｚｏｏｍは無料アカウントの場合、「３人以上のミーティングは40分まで」という制限がかけられている。

学校に「食い込む」ために制服やキャラクターも導入

このように、熊本市におけるICT支援員の活躍は、目を見張るものがあります。とはいえ、ICT支援員が市内のすべての先生と関わりをもっているかといえば、まだそこまでは至っていません。特に中学校は端末の導入が小学校より遅かったこともあり、「支援員の中にも、中学校には敷居の高さを感じている人がいる」と早川さんはいいます。

全国的に見れば、ICT支援員の配置・活用は、まだこれからという段階です。以前、ある自治体の支援員が、「学校を訪問しても、誰も話しかけてこない。どこか避けられているような感じすらする」と話していました。学校にスクールカウンセラーが導入された頃にも、よく聞かれた話

式典の中継をサポートをするICT支援員（写真手前側）

です。学校の先生にとって、外部の専門家というのは、どこか近寄りがたい存在なのかもしれません。

早川さん自身も、最初の頃は先生との距離が縮まらず、苦労をしたといいます。そのため、校内に「目安箱」を設置し、「困っていること、してほしいことがあれば何でも書いてください」と呼び掛けるなどの工夫も行ったそうです。また、自身からも積極的に声をかけ、些細なことでもよいので会話をするように努めたといいます。

「支援員には、ＩＣＴに関わる知識、アプリの活用力、学校教育に関する知識なども必要だが、一番大切なのは何かと聞かれればコミュニケーション力。とにかく、先生が話しかけやすいような雰囲気をつくることが大事。一度でも話ができたら、距離はぐっと縮まる」と早川さんはいいます。

近年は「チーム学校」という考え方が提唱され、多くの外部専門家が学校に関わるようになりました。こうした流れからも、これからの先生は積極的に外部スタッフとも接点をもちながら、教育活動をプロデュースしていく力が求められます。

ＩＣＴに関しても、授業をするのは先生自身ですから、本来であれば自分から支援員に声をかけ、サポートを仰ぐべきでしょう。

とはいえ、現実には外部の専門家に対し、心理的な隔たりがある先生は少なくありません。その意味では、支援員のほうから積極的に声をかけるなど、きっかけをつくることも必要なのかもしれません。

熊本市では、支援員に親しみをもってもらうために、ロゴ入りの制服も導入しました。制服には、相手に安心感や信頼感を与える効果があるともいわれています。

また、支援員がデザインしてキャラクターもつくりました。キャラクターは、コロナ禍で登場する機会も増え、「公式キャラクター」として認定されました。こうした工夫も先生・支援員間の距離を縮める上で効果的かもしれません。

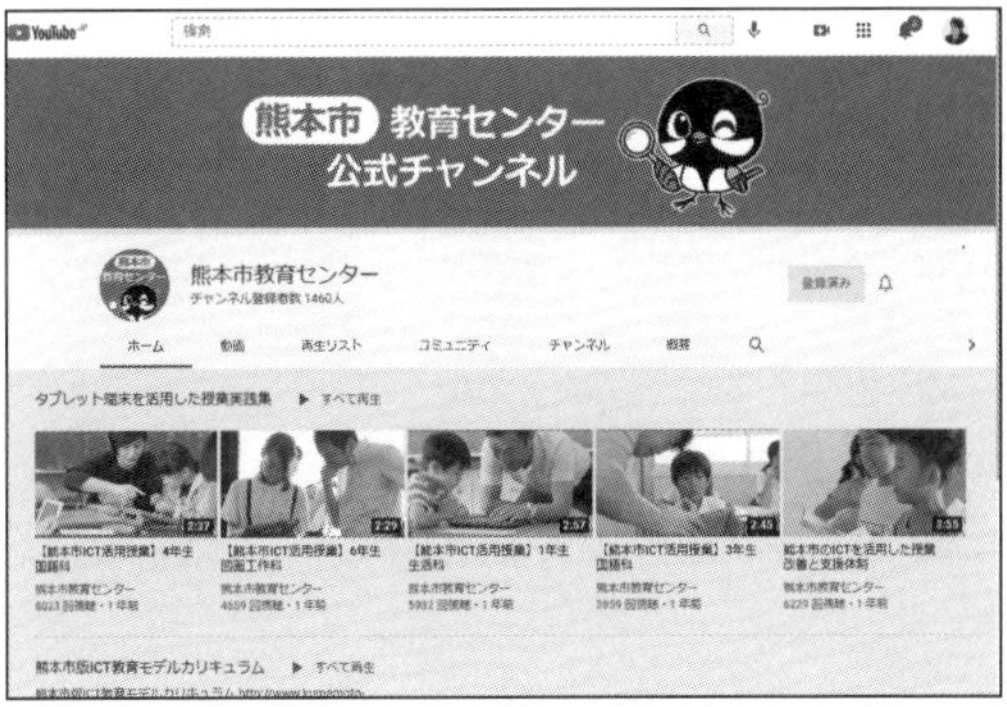

公式キャラクターを使用した教育センターのホームページ

自治体にICTが広がるかは、支援員次第といっても過言ではない！

ICTの活用を広げていく上で、教員間の情報共有が大切であることをPART3で述べましたが、「ICT支援員同士が情報共有を図り、多くの引き出しをもっておくことも重要」と早川さんはいいます。

確かに、先生から相談を受けた際、支援員がより多くの実践や教材を知っていれば、最適な提案をすることができます。そうした観点から、熊本市ではICT支援員同士が、情報共有を図るための仕組みも整えています。

情報共有のメインプラットフォームとして活用しているのは、マイクロソフトのTeamsです。ここには、どの学校のどの先生が、どのような実践を行ったかについて、各支援員から寄せられた情報の数々が蓄積されています。また、実践事例だけでなくトラブル事例も共有しています。また、月に2回のミーティング（2020年度はオンライン）でも、情報交換を行っています。

教育センターの本田副所長は、「支援員の中には、どの学校がどの時期にどんな取り組みをしているかまで、細かく把握している人もいる。だから先生は、安心して相談できる」と話します。この域まで達するにはかなりのキャリアが必要でしょうが、そうした支援員が増えれば、ICTの活用はさらに広がるに違いありません。

なお、熊本市の支援員は、必ず日報を書きます。1日に2～3校を回った日などはなかなか大変な作業ですが、これをルール化することで、各学校で起きたICT関連の出来事なども共有されます。「日報をきちんと書いておくと、学校からの問い合わせがあった際、誰が電話に出ても対応できる。先生が5～10分の短い休み時間を使って電話してくることを考えれば、なるべく的確かつ迅速に対応しないといけない」と早川さんはいいます。さながら民間企業のカスタマーセンターのようですが、こうしてスムーズに対応できれば、ICT支援員に対する信頼は大いに高まることでしょう。

以上、このPARTでは、ICT支援員の活動と、望ましい配置・運用などの在り方について述べてきました。

実をいうと、本書を企画する段階では、このPARTを独立して立てる予定はありませんでした。きっかけとなったのは、あるオンラインイベントで早川さんのプレゼンテーションを聞いたことです。約30分という短い時間でしたが、熊本市の多くの支援員が技術的なサポートという域を超え、「授業改善を通じた学校教育の充実」という上位目標をもって学校に関わっていることが、伝わってくる内容でした。参加者の多くは学校の先生でしたが、ＩＣＴ支援員の仕事をよく知らなかった人も多かったようで、コメント欄には「これはすごい！」「みんな知るべき！」などの言葉が並びました。

ＩＣＴの活用普及に向けて、多くの自治体が教員研修など、多様な取り組みを行っています。しかし、ＩＣＴの操作・活用に不安を抱く先生が、「最初の一歩」を踏み出すのは勇気のいることです。

その際、背中を押してくれる存在がいれば、状況は大きく変わってくるでしょう。そう考えると、学校にＩＣＴが広がるかどうかは、各自治体の支援員の配置状況によって大きく変わってくる可能性がありそうです。

PART 6

ICTが「苦手」だった私の実践
―各教員の授業から―

端末活用が広がっていった熊本市ですが、教員たちは最初からICTが得意だったわけではありません。本書の最後に、ICTが苦手だった教員たちが、どのように端末を手にとり、授業改善に取り組んでいったのかを見ていきます。

ＩＣＴ活用の「格差」をどう捉えるか

今やＩＣＴの先進自治体となった熊本市には、多くの関係者が視察に訪れます。とはいえ、そんな熊本市にも、活用の度合いに学校間格差があるのは事実です。さらにいえば、教員間格差も存在します。ＰＡＲＴ３・４で紹介した先進校においても、端末の活用に消極的な先生がゼロというわけではありません。全国的に見てもこうした格差は少なからずあり、今後、大きな課題としてクローズアップされる可能性があるでしょう。

この問題をどう捉え、対応していくかは非常に難しいところです。これまで日本の学校は、公平性や平等を重んじ、格差を最小限にとどめようとする意識が随所で働いてきました。コロナ禍による一斉休校時、多くの自治体が「一律平等」を理由に、学校単位、学級単位でのオンライン授業を認めなかったことなどは、その象徴的な出来事といえるかもしれません。

この点において、熊本市の考え方ははっきりしています。「一律」ではなく、「できるところから」やる、つまり格差が生じるのは覚悟の上で、やりたい学校、やりたい先生には、どんどんやらせるというスタンスです。

一斉休校に突入して間もなく、熊本市ではいくつかの学校がどこに相談することもなく、独自の判断でオンライン授業をスタートさせました。ほかの多くの自治体で、教委や校長会が連絡をとり合いながら、横並びの対応を徹底したのとは対照的です。

では、格差はどれだけ広がっても容認すべきなのでしょうか。悩ましい問題ですが、少なくとも、出る杭を打ち、積極活用する学校や先生にブレーキをかけるようなことは、するべきではないと筆者は考えます。そんなことをすれば、ＩＣＴの活用が進まないばかりか、学校や教員が自律性を失い、教育現場が活力を失ってしまいます。熊本市の遠藤洋路教育長も、「不平等だからやらないほうに合わせるなんて話はあり得ない。そんなことをすれば、日本全体が沈没する」と警鐘を鳴らします。

少し楽観的な見方になるかもしれませんが、ＩＣＴ活用の格差は今後、次の2つの理由から、少しずつ縮まっていくのではないかと筆者は見ています。

1つは、社会がそれを容認しないからです。すでに、熊本市の学校にも「隣のクラスは端末を使って学んでいるのに、うちのクラスさっぱり使わない。どうなっているのか」といった声が、保護者から寄せられています。今後、教員間格差がさらに広がれば、活用しない先生には社会的に厳しい目が向けられることでしょう。先生であれば、誰だってよき教師として見られたいとの願望はもっていますから、そうした状況に直面して、ようやく重たい腰を上げる人も出てくると考えています。

もう1つは、ICT活用のメリットに、多くの先生が気付き始めているからです。端末を使った授業が、子供のやる気を高めるだけでなく、知識・技能や思考力や表現力を高める上でも効果的らしいという認識は、少しずつではありますが、広がり始めています。日本の先生の多くは使命感にあふれていて、「子供のためになる」ことさえ分かれば、前向きに取り組みますので、ある程度の活用が進んだ学校では、一気に変容していく可能性があります。

しかし、上述した2つの化学反応は、ICTが全く活用されない学校では起こりません。つまり、ICTの活用に積極的な学校・先生が先陣を切って突っ走ることが、ICTの活用を促進する上で必要なのです。その意味で、一時的に格差が広がる状況は、多くの関係者が覚悟しなければなりません。

現場にブレーキをかけず、「できるところからやる」との方針をとる熊本市では、教員の自由な発想の下で、実に多彩なICTの活用事例が生まれています。少し前置きが長くなりましたが、このPARTではそうした先進的授業実践にスポットを当てる形で、学校教育の近未来を展望してみたいと思います。

財務省との折衝に臨む市長の武器に！――ICT素人の先生が行った「ごんぎつねにBGM」の授業

熊本市の北東部、昭和40年代に造成された「楠団地」のすぐ傍らにある市立楠小学校は、熊本市の研究モデル校として、ICT活用のフロントランナー的な役割を果たしてきました。同校に「3人に1台」分の端末が入ったのは、市内のほかの小学校より半年早い2018年9月です。それ以来、同校では「タブレットを活用した学び合い」をテーマに掲げ、研究実践に取り組んできました。

とはいえ、そんな同校も、もともとICTが得意な先生が多かったわけではありません。研究主任の森下蘭先生が「正直いうと、多くの先生が『別にタブレット端末なんて使わなくても授業はできるのに』と思っていた。私自身も、きちんと活用できるかどうか不安だった」というように、端末が入るまではごく平均的な学校でした。

熊本市立楠小学校

同校の長尾秀樹校長も、「当初は多くの先生が、端末を使った授業というものにイメージがもてていなかった。そのため、他県の先進校へ視察に行くなどして研修を重ねた」といいます。

そんな状況からのスタートだったにもかかわらず、同校では2年も経たないうちに、多くの教員が端末を日常的に活用するようになりました。短期間で、視察を「する側」から「される側」に変貌を遂げたわけですから驚きです。加えて特筆すべきは、先陣を切って活用している先生の多くが、もともとはＩＣＴが得意ではなかったという点です。

ＩＣＴの活用実践などが高く評価され、２０２０年度には熊本市の優秀教職員表彰も受けた山下若菜先生は、学校に端末が入るまで「タブレット端末は全く使ったことがなかった」といいます。そんな山下先生が、２０１９年度に実施した「ごんぎつね」の授業は、ＩＣＴを使った革新的な授業実践として、各種メディアに紹介されるなど大きな反響を呼びました。

この授業は、子供たちが「ごんぎつね」を音読し、その録音データにＢＧＭを付けるというものです。もともとは音楽作成アプリを紹介してもらって、やってみようかなと思ったのがきっかけだったそうですが、「学びの本質からずれているのではないかという不安や葛藤があった。正直なところ、最初はあまり乗り気ではなかった」と山下先生はいいます。

そんな山下先生には、日頃からモットーにしていることがありました。それは、「どうせなら前向きに」ということです。

「いやでも、しなければならないことは絶対にある。でも、どうせしないといけないのなら ば前向きに捉え、『まずはやってみよう!』という思いで取り組むようにしている」

そんな思いで、「ごんぎつね」にBGMを付ける授業を実践してみた山下先生ですが、結果は自身の予想を大きく裏切るものとなりました。

まず、自分の声を録音するとあって、子供たちは驚くほど熱心に、感情豊かに音読練習に取り組みました。中には何十回と自宅で練習を重ね、文章を暗記してしまった子もいました。また、BGMを付ける段階では、子供たちはごんや兵十など登場人物の気持ちに思いを馳せながら繰り返し本文を読み返しました。「最初はBGMそのものに向いていた子供たちの興味・関心が、最終的に物語の本文に戻ってきた。結果的に、これまで以上に学習の本質を深く突く授業になった」と山下先生は振り返ります。後日行ったこの単元のテストの平均点は95点と驚くほど高得点で、漢字が苦手な子も、書き取りがしっかりとできていたそうです。

ちなみに、この実践の様子を紹介した2分半ほどの動画が、熊本市教育センターの公式ユーチューブチャンネルに公開されています(次ページのQRコード参照)。熊本市の大西一史市長は、財務省の関係者などと折衝を行う際、この動画を見せて「教育はこう変わっていくのです」と伝えたそうです。真剣なまなざしで学びに没頭する子供たちを見ても、ＩＣＴの大いなる可能性を感じることができる動画です。

実際の動画はこちら！

これが山下若菜先生が行った「ごんぎつね」の授業です。

消防署と教室をZoomでつなぐ

２０１９年度、山下若菜先生は社会科の授業でＩＣＴを活用した新たな試みにチャレンジしました。学習のテーマは、「消防隊が早く駆け付けられる秘密を探ろう」。子供たちが副教材「わたしたちの熊本」やタブレット端末を使って情報を収集し、ロイロノートにまとめて発表するというものです。

ここまでは、ＩＣＴを活用したプロジェクト型の授業としては、ごくオーソドックスなものといえます。しかし、子供たちの発表が終わった後、山下先生は子供たちにこう問い掛けました。

「でもさぁ、副教材やインターネットで調べたことって、本当にそうだと思う？」

突然の問いに、子供たちは虚を衝かれたような表情を浮かべます。

「どうやったら調べられるかな？」

山下先生がそう問い掛けると、１人の子が「現実を見たらいい」と答えました。

しかしながら、子供たちが「現実を見る」には、消防署まで足を運ばないといけません。「今すぐ知りたい！」という欲求が芽生えた教室には、微妙な空気が漂います。その様子を見計らって、山下先生はこう切り出しました。

「みんな、すぐ知りたいよね。実は今、消防署長さんとＺｏｏｍでつながっているんだ」

そうして電子黒板に消防署長が映し出されると、子供たちは大興奮の様子です。その後、出動場面を再現する様子が流れると、子供たちは食い入るようにその様子を観察し、「あれ？調べたことと違うよ」「服はあそこに置いているんだ！」などとつぶやいていました。

授業終了後、子供たちからは「消防署について、もっと調べたい！」との声が上がりました。

ＩＣＴの効果的な活用が、子供たちの知的好奇心に火をつけた瞬間といえます。

小学4年・社会科「消防隊が早く駆け付けられる理由を探ろう」

消防署について調べ、「思考ツール」でまとめる

Zoomで消防署長と対面

出動場面の再現。調べたことが本当か確認

ＩＣＴの活用には、「ＳＡＭＲ（セイマー）モデル」というものがあります。代替(Substitution)、拡大（Augmentation)、変更（Modification)、再定義（Redefinition）の略で、端的にいえばＩＣＴの活用が学びに与える影響のレベルを表しています。「代替」は教科書やプリントをＩＣＴで代用するレベル、「拡大」は拡張機能によって学びが充実するレベル、「変更」は学びそのものが子供主体に変わるレベル、そして「再定義」は学び方そのものを子供た

ちが自己決定していくレベルを指します。

最初の2つの段階、「代替」「拡大」が教材提示や意見共有など、これまでの学びを「増強」するものと位置付けられるのに対し、後半の2つの段階「変更」「再定義」は学びそのものの在り方を「変換」するものと位置付けられます。厳しい見方をすれば、後半の2つの段階まで到達し、学びの在り方そのものが変わるレベルまでもっていかなければ、巨額の投資で整備したICTは「割に合わなかった」とのそしりを受けるかもしれません。

前述した「ごんぎつね」にBGMを付ける実践、消防署と教室をZoomでつなぐ実践は、いずれもICTの利用が子供の知的好奇心に火をつけ、学習観そのものを変革する可能性を感じさせます。「SAMRモデル」の後半の2つの段階「変更」「再定義」まで到達させる上で、ヒントを与えてくれる授業実践といえます。

「活用」が先か、「資質・能力」が先か

研究主任の森下蘭先生や山下若菜先生とともに、同校のICT活用において中心的な役割を

果たしてきたのが、山下ゆかり先生です。自身が積極的にＩＣＴを活用すると同時に、算数少人数指導担当という立場を生かして各学年をつなぎ、活用事例を共有する役割も果たしてきました。

そんな山下先生ですが、「私自身は、あまりＩＣＴが得意ではない」といいます。そうした中でも、せっかく入った端末を有効活用したいと考え、独自に研究を重ねてきました。

端末が導入された年、山下先生が受け持っていた２・３・４年生の児童の中には、課題に興味がもてず、授業に集中できない子供がいました。この子たちにどうすれば学習意欲をもたせられるだろうか——悩んだ末、山下先生は端末を使って教材提示を工夫してみることにしました。例えば、面積を求める課題の場合、子供たちは「１平方キロメートル」といっても、その広さを体感的に理解できません。

そこで山下先生は、Ｇｏｏｇｌｅマップを使って子供たちが身近に感じる地域を表示させ、「１平方キロメートル」がどのくらいの広さなのか、そもそも面積を学ぶことの意義とは何なのかを理解させました。こうして導入段階で「どんなことを学ぶのか」だけでなく、「何のために学ぶのか」を伝えたことで、学びに向かう子供たちの姿勢が変わっていったといいます。

山下先生は、当時のことを次のように振り返ります。

「端末が導入された当初は、まだ手探り状態で、教材提示などが中心だった。少しずつ、いろいろな授業で活用していく中で、次第に『こういう力を付けたいから、こういうアプリを使おう』というところまで考えられるようになった」

子供たちに身に付けさせたい資質・能力があり、そのために必要な道具として使う――ICTの活用は本来、こうあるべきでしょう。しかし、現実にはそう簡単ではありません。山下先生も、そこまで到達するのに「2年近くかかった」といいます。PART3では、「子供たちに育てたい力」が柱にあってこそ活用が進むと述べましたが、個々の教員レベルでは、「まずは使ってみる」ことが必要との見方もできます。

矛盾するようですが、「活用」が先か、「資質・能力」が先かの問題は、その両面からアプローチしていくべきなのかもしれません。換言すれば、活用だけを考えても資質・能力は高まりませんし、資質・能力だけを考えたら活用の最初の一歩が踏み出せなくなってしまいます。先述した「SAMRモデル」でいえば、第一段階の「代替」レベルから入り、活用しながら子供たちの学びをモニタリングすることで、育てたい資質・能力を高める「効果的な活用法」が見えてくるのだと考えられます。

算数の文章題の「再現動画」をつくる

算数・数学においては、文章題が苦手という子が少なくありません。中には、計算問題や図形問題はスラスラ解けるのに、文章題となると途端に手が止まる……なんて子もいます。計算能力は備わっていても、文章を読み解く力に課題があるのかもしれません。

算数の少人数指導担当である山下ゆかり先生は、こうした課題をICTの活用を通じて克服できないかと考えました。そうして考案したのが、子供たちが文章題の「再現動画」をつくるという実践です。

提示された文章題は、次のようなものでした。

> 【小学校4年生・算数】
> ゆかさんの家では、買ってきたいちごを家族5人で同じ数ずつに分けました。そのあと、ゆかさんは、お兄さんから6こもらったので、ゆかさんのいちごの数は15こになりました。買ってきたいちごは、全部で何こありましたか。

ゆかさんが「6こもらって15こになった」から、最初に配った数は「9こ」であり、家族は5人なので買ってきたいちごは「45こ」となります。読解力がある子ならば、この流れを頭の中でイメージできますが、文章題が苦手な子の場合、思考停止に陥ってしまうこともあります。

山下先生の授業では、まず子供たちが、問題文を図に起こすなどして、解き方を考えました。その後、4人組グループでシナリオをつくって、撮影に臨みました。完成した映像は、概ね次のようなものです。

お母さん「いちごを買ってきたから、あげるね」
ゆかさん「ありがとう。」
お母さん「家族5人で同じ数だけわたしたから、けんかしないでね」
ゆかさん「うん！」
お兄さん「おれ、今、おなか一杯だから、ゆかに6こあげるよ」
ゆかさん「お兄ちゃん、ありがとう。わぁ、いちごがたくさ

んになった。数えてみよう！ 1こ、2こ、3こ…15こもある！ あれ？ でも最初いくつだったんだろう。お兄ちゃんが6こくれたから、15から6引くと9こ」

お母さん「ゆか、お母さんがいちごを何こ買ってきたか分かる？」

ゆかさん「えーっと……1人9こで5人だから、45こ！」

全部で15こになった。
最初はいくつだったかな?

子供たちは「撮影係」と「役者」に分かれて、動画の制作に取り組みました。その過程では、グループ内の全員が理解できるよう、互いに教え合うなどしました。

この「再現動画」の制作によって、計算式が立つまでの流れが可視化されました。もちろん、これだけですべての子が苦手を克服できたわけではないでしょうが、文章題を解く道筋が何となく見えてきたという子はいたことでしょう。また、もともと文章題が解ける得意な子は、苦手な子に教えることを通じて、さらに理解が深まったものと考えられます。

算数で学んだことを生かし、校庭に「巨大地上絵」を描く

学習・暗記したことも、その多くは時間とともに忘れてしまいます。恐らく、小中学校で学んだことをすべて覚えているという大人は、皆無に近いでしょう。「連立方程式を解けますか？」と聞かれて、解ける人は1割未満、解けないどころか連立方程式がどのようなものかすら思い出せない人も相当数いると思われます。

一方で、覚えていることもあります。例えば、国語で習った漢字、社会科で学んだ都道府県名などは、大半の人が忘れていません。理由は、そうした知識を日常生活で「使う」機会が頻繁にあるからです。

すなわち、効果的に「使う」場面があれば、学習した内容を定着させることができます。しかし、教科によっては、そうした場面を設定するのが難しいものもあります。

そんな中、山下ゆかり先生は、6年生で学ぶ「図形の拡大・縮小」について、子供たちが学んだ知識・技能を使って何かできないかと考えました。そうして思い付いたのが、「校庭に巨大地上絵を描く」という実践です。「きっかけは、とあるテレビ番組でナスカの地上絵を見たこと。これがどうやって描かれたのかと考える中で、子供たちに取り組ませてみようと思った」

と山下先生はいいます。

この授業でまず、インターネット上の画像なども参考にしながら、端末を使って地上絵の原案を描きました。その後、「図形の拡大・縮小」の単元で学んだことを生かし、比率などを計算しながら、校庭に描く際の線の長さを割り出しました。その後はいよいよ校庭に出て、地上絵づくりです。子供たちは、端末でつくった見取り図をもとに、メジャーとライン引きを使いながら、協力して線を描いていきました。

そうして地上絵が完成すると、子供たちは「できた！」と喜びの声を上げました。ここで子供たちにある投げ掛けをしました。何も知らないほかの学年の児童が、この絵を見て驚かないかということです。子供たちはどうやったら、この地上絵について、全校のみんなに分かってもらえるかを考えました。

地上絵を描く際、担任の先生にお願いしてその様子を端末の「タイムラプス撮影」を使って屋上から録画していました。「そうだ！ 動画を使って、ニュース番組をつくろう」ということになり、子供たちは別の時間を使って動画制作にかかりました。

完成した動画では、最初にキャスター役の児童が、「皆さんは、運動場に登場した鳥の絵のことを知っていますか？ なんとあの絵は6年生が協力してつくったそうです。皆さんには、その風景をお伝えしたいと思います。どうぞ！」と話した後、地上絵が描かれていく様子が流れます。

このニュース動画は、楠小学校内のみで動画を共有する「ＫＴｕｂｅチャンネル」にアップされ、昼の放送で同校の子供たちや先生などが視聴しました。

校庭に巨大地上絵を描く

この実践を通じ、子供たちは授業で学んだ「図形の拡大・縮小」の知識・技能をより確かなものにすると同時に、端末の効果的な活用法も身に付けたことでしょう。また、「図形の拡大・縮小」の原理が、日常生活のどのような場面で使えるのかも、理解したものと思われます。さらには、仲間と対話しながら1つのプロジェクトをゴールさせたことで、「他者と協働する力」も養われたことでしょう。「知らない人がいきなり見たら驚くかもしれない」と考え、そのために動画を制作したことなどは、学習内容の振り返りにつながったのはもちろんのこと、現象の中から課題を「発見」し、その「解決」に向けて最適化された手段をとるという、実社会さながらのプロジェクトを経験したことになります。

もう1つ、この動画を見て驚くのは、ナレーションのクオリティです。キャスター役の児童が、表情豊かに、聞き

KTubeチャンネルで公開された動画

手をしっかりと意識しながら語り掛けています。「この2年間、端末の活用を通じて、子供たちの表現力が磨かれてきた。その成果だと思う」と山下先生はいいます。

端末を効果的に活用すれば、「知識・技能」の定着を図り、「思考力・判断力・表現力」を高め、「学びに向かう力、人間性」を養うことができる――その事実をこの動画が証明しているといっても、過言ではないでしょう。

このPARTで紹介した授業実践の数々に対し、少し敷居の高さを感じる人もいるかもしれません。確かに、ICTを活用した実践としては、かなりの域に達していると思います。

しかし、いずれの授業も、端末の導入から1〜2年の間に行われた実践です。加えて、授業者である先生方も、もともとはICTが得意ではありませんでした。つまり、適切な環境さえ整っていれば、全国のどの学校も、このレベ

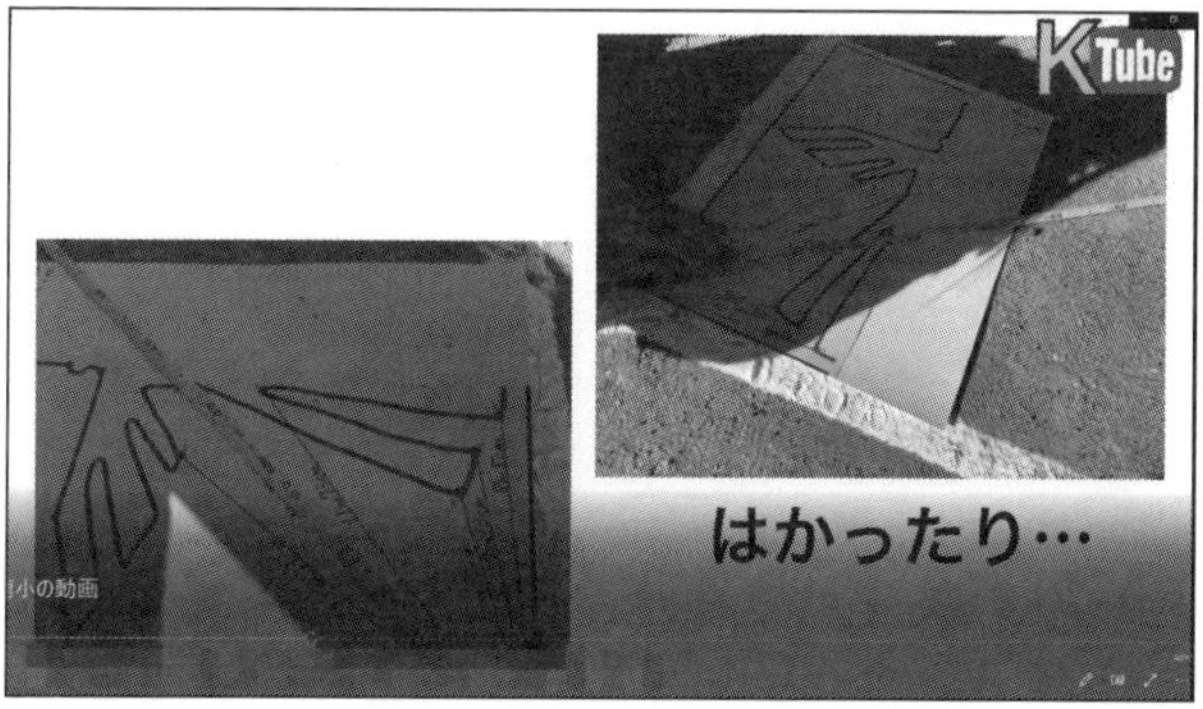

動画ではテロップやカットインなどの編集技術もふんだんに使われている

ルに到達できるということができます。

そうはいっても、今の学校現場はあまりにも多忙で、ＩＣＴの活用にまで気持ちが向かない先生も少なくありません。必要なのはサポートです。全国の自治体が、本書でこれまで述べてきたような人的・物的環境を整え、多くの先生が「自分もやってみようかな」と思えるようになることが、当面の課題といえます。

・監修の言葉

・おわりに

監修の言葉
―教職員も未来に向かう「学び手」である―

2017年、小学校の一教頭であった私は、准教授として熊本大学に赴任することになりました。教職大学院生にプロジェクト学習やICTの活用といった現代の教師に求められる実践力を育むことが私の役割でした。

その翌年、熊本市は端末を一気に導入することを決定し、その推進のために熊本大学、熊本県立大学、NTTドコモと連携協定を締結しました。

なんという人生のタイミングなのでしょう。図らずも私は、熊本市全体のICT教育のための教員研修とカリキュラム開発に携わる立場となってしまったのです。その意味で私は、熊本市のICT教育の進捗状況を学校と大学を往復しつつ、客観的な立場で見ていくことができたといえるでしょう。

熊本市のICT教育は、大西一史市長と遠藤洋路教育長の卓越したリーダーシップによって一気に推進されていきました。特に2020年のコロナ禍で休校した際にオンライン授業を導入した決断と実行の速さは、佐藤明彦さんの前作『教育委員会が本気出したらスゴかった』（時事通信社）に詳しく書かれています。

最初のうちは教職員の間で不安や戸惑いがあったことは事実です。プログラミング教育はもちろんのことですが、端末に触ることも初めてという教職員も少なくありませんでした。新しいことにチャレンジすれば必ず困難な問題にぶつかります。当初は、従来の授業のやり方に端末をとって付けたような授業も見受けられました。端末を使うことそのものが目的となっているような授業もありました。

しかし、その困難を乗り越えてすぐれた実践を行っている学校には共通して「マネジメントの極意」があるように感じられました。そこで、本書の終わりに、監修の立場として感じた4つの「マネジメントの極意」について述べたいと思います。

極意1　時間の確保

本書に登場する学校は「端末を用いた授業研究」「カリキュラム・マネジメント」といったこれから必須となる教員研修の時間を勤務時間内にしっかりと位置づけています。従来、校内研修の中心であった「研究授業＋授業研究会」といった部分を減らしてでも、子供たちの資質・能力の向上のために校内研修の在り方を見直しているわけです。また、わずかな時間でも「教職員の気づき」を共有できるように、職員室にあえて紙を広げて記入できるような工夫も行っています。

新しい学習内容や学習方法を取り入れるためには時間の確保が必須条件となるのです。

極意2 共通の目標を設定

熊本市全体としては「豊かな人生とよりよい社会を創造するために、自ら考え主体的に行動できる人を育む」という基本理念があります。それを具体化するために、城東小学校では「情報活用能力の育成」、帯山西小学校は「わくわくする学校づくり」といった教職員が一致団結して取り組むための柱となる共通の目標を設定しています。

これらの学校ではＩＣＴが、その目標を達成するために必要不可欠なものとして位置づけられていて、教職員も子供たちも自然と使わざるをえない状況になっています。共通の目標があるからこそ、エネルギーと時間がそこにかけられるのです。

極意3 自他の強みを生かす

本書に登場したリーダーたちは、必ずしもＩＣＴが得意な人たちではありません。むしろ苦手だからこそ、同僚の長所を活かしてつなごうとしています。また、謙虚である一方で、相手をワクワクさせるような何か人間的な魅力をもっています。新しいことへのチャレンジを楽しんでいるように見えるのです。ＩＣＴ支援員のリーダーである早川さんも、教職員から話しかけられやすい雰囲気をつくることの大切さを語っています。

そう考えると、リーダーに求められるのは、自他の強みを生かすコミュニケーション力であり、目標達成の情熱なのかもしれません。

極意４　「対話」と「省察」

熊本市の教職員の多くは「子供が学びとる授業とはどういう授業なのか？」という問題に今回あらためてぶつかったはずです。なぜならば、教師による解説型の授業や発言力のある子供だけで展開する授業においては、端末は必ずしも必要ではないからです。

この問題を解決するために、本書に登場する教職員は、協働して端末を活用し「共通の目標」「対話」「省察」といった学習のプロセスを経験しています。こうした教職員集団の学びの在り方は、そのまま子供たちの学びに反映されていくことになります。つまり、子供たちに求められる力は、教職員にもそのまま求められているのです。

こうした「マネジメントの極意」が自然と発揮されているのは、熊本市の学校には、授業研究を熱心に行う「教員文化」があったからでしょう。それは長年にわたる教科等研究会によって育まれてきたことも要因です。また、学校の中でお互いの授業のノウハウを学び合うという教職員の意識が高いことも挙げられます。本書の中で遠藤教育長が「熊本市の教員はレベルが高い」と述べていますが、私自身もそう感じています。

また、熊本人の気質を表す言葉に「早生者《わさもん》」という方言があります。「新しもの好き」という意味です。「ICT」はまさに「新しもの」であり、「早生者《わさもん》」と「教員文化」が結びついて、ICT教育が一気に推進されているといえるのではないでしょうか。

これから日本のすべての地域で子供たちが端末を活用しながら学習をしていくことになります。その変化を教職員も一緒になって楽しみ、協働して問題を解決することで、日本の子供たちの学びは大きく進化していくと信じています。

教職員もまた未来へ向かう学び手なのです。

2021年7月　前田康裕（元熊本大学教職大学院准教授）

動画はこちら！
前田康裕先生によるＩＣＴ教育の授業改善についての解説動画
が見られます。

おわりに
―「16％の壁」を突破するために―

かれこれ20年以上にわたり、全国各地のさまざまな学校を取材し続けてきましたが、ことＩＣＴに関しては1つ、忘れられない思い出があります。２００1年、とあるパソコンメーカーが発行する季刊誌の取材で、東京都内の公立中学校を訪れたときの話です。

その学校は、区が主導する形で約1カ月前に、「コンピュータ室」を整備していました。その部屋に入ると、最新鋭のパソコンが40台、ズラリと並んでいます。当時はまだパソコンの価格も高く、1台20万円くらいはしていたと記憶しています。これが40台となれば、ざっと計算して８００万円くらいは投じられている計算です。

編集担当者からは、新しく配備したコンピュータ室で、どんな授業実践が行われているのかを取材するようにいわれていたので、担当の先生にその辺の話を聞かせてほしいと伝えました。ところが、どうにも歯切れが悪く、奥歯に何かが挟まっているような感じです。

私が困っていると、その先生はバツの悪い表情を浮かべながら、「実をいうと……、まだ数回しか使っていないんです……」と、実情を話してくれました。導入されて1カ月がたっているのに、一部のパソコン好きな先生を除いて、どの先生もほとんど使わないというのです。

私は思わず、そのコンピュータ室を見渡しました。確かに、本体はもちろんキーボードもマウスもピカピカで、使われている感じはほとんどありません。800万円もの大金を投じたのに、なんてもったいない話なんだと、思わずため息が出ました。記事は「今後、こうやって使っていきたい」という形で何とかまとめましたが、教育の情報化を行政主導で進めることの難しさを痛感した取材となりました。

それから5年、10年と経つ中で、「コンピュータ室」は全国の学校に配備されるようになりましたが、果たしてどのくらい使われているのか、とんだ無駄づかいになっているんじゃないかという疑念が、私の中にずっとありました。あの学校のように、パソコンが「好き」で「得意」な先生以外、ほとんど使っていないんじゃないか。そんなふうに、見ていたのです。

実際、その後も「情報教育の先進校」を数多く取材してきましたが、表に出てくるのは決まって、ICTの「大好き先生」ばかりでした。ある校長先生は、自作プログラムで動くおもちゃを自慢げに披露してくれました。また、ある先生は、算数の図形が自在に動かせる自作のデジタル教材をうれしそうに見せてくれました。

こうした先生から「ICTの最先端」を取材する一方で、身近な先生からは「コンピュータ室なんて一部の先生しか使っていない」なんて話も耳にしていました。そのため、取材に対応してくれた先生の話だけをもとに、「日本の学校のＩＣＴが進んでいる」とか「この学校ではどの先生もＩＣＴを積極活用している」とかいった記事を書くことに、どこか後ろめたさを感じていたものです。

では、今回の熊本市はどうだったのでしょうか。２０２０年11月〜２０２１年３月にかけて、計９校・13人の先生が取材に対応してくださりましたが、驚くことに、その多くはどちらかといえば、ＩＣＴが「苦手」な先生でした。

例えば、ＰＡＲＴ３で紹介した尾ノ上小学校の奥園洋子先生は、「２年前までガラケーだったくらい、ＩＣＴは大の苦手」と自身のことを話されていました。実際に私が「解像度の高い画像データを送ってください」とメールで出したところ、「解像度というのがよく分からないので、知り合いの先生に聞いてみます」との返事が返ってくるなんてこともありました。また、ＰＡＲＴ６で紹介した山下ゆかり先生は、その高度なＩＣＴ活用実践とは裏腹に、「機器は全然得意じゃない。スマホの設定もずっと主人にやってもらっていた」と話されていました。そのほかの先生からも、「学校では自分が一番、ＩＣＴに無知」（帯山西小学校・金井義明教頭）、「説明書を読むのが大嫌い。だから機器は苦手」（白川小学校・坂田晶子先生）、「１年前までクラウドという言葉すら知らなかった」（白川中学校・三角貴志子先生）などと話されていました。

失礼ない方になるかもしれませんが、そんな「デジタル音痴」な先生方が、どの学校でもＩＣＴ活用の旗振り役となって、活用を呼び掛けているのです。その事実は私にとって、この上なく新鮮なことでした。

もちろん、熊本市の学校にもＩＣＴ活用の教員間格差はあることでしょう。しかしながら、かつての取材で感じた「ごく一部のＩＣＴ好きな先生だけが、取り組んでいるんじゃないか……」という疑念を抱くことは、ありませんでした。大なり小なり、多くの先生がＩＣＴの活用に前向きに取り組んでいる様子が、嘘いつわりなく感じられたといえます。

マーケティングの世界に、「キャズム理論」というのがあります。新しい商品やサービスを世に送り出したとき、普及率「16%」を超えると、一気に全体へと広がっていくというものです。逆にいえば、普及率が「16%」に至らなければ、その商品やサービスは市場から消えていくことになります。

私はこの「キャズム理論」が、学校のＩＣＴ活用にも当てはまるのではないかと見ています。全体の16%以上の先生が積極的にＩＣＴを活用するようになれば、学校全体へと広がっていくのではないかということです。

「16%以上」とは、教員数30人の学校なら5人以上、40人の学校なら7人以上となります。今回、熊本市の取材を通じて、その数字は決して難しくないとの確信を得ました。ただし、大切なのは適切な「サポート」と「マネジメント」です。本書を参考に、多くの学校が16％の壁を突破し、ICTの活用が日常風景になっていくことを祈っています。

2021年7月　佐藤明彦

本書の執筆にあたり、熊本市教育センターの本田裕紀副所長（当時）をはじめ、熊本市の先生方には大変お世話になりました。新型コロナウイルスへの対応などで大変な状況にある中で、貴重な時間を割いてくださりましたことに感謝申し上げます。

また、監修の前田康裕先生には、本書の構成や執筆にあたり、貴重なアドバイスの数々をいただきました。本書は「ミドルリーダー」や「ICT支援員」の取り組みにスポットを当てている点が大きな特徴だと思いますが、これは前田先生の発案によるものです。ありがとうございました。

最後に、時事通信出版局の編集担当・大久保昌彦さんには、私と熊本市をつなぐ橋渡し役となっていただくなど、お世話になりました。大久保さんの柔軟な発想とその人柄がなければ、本書は完成しなかったであろうと思います。ありがとうございました。

【監修者プロフィール】
前田康裕（まえだ・やすひろ）

1962年、熊本県生まれ。熊本大学教育学部美術科卒業。岐阜大学教育学部大学院教育学研究科修了。公立小中学校教諭、熊本大学教育学部付属小学校教諭、熊本市教育センター指導主事、熊本市立向山小学校教頭を経て、2017年4月より熊本大学教職大学院准教授。2021年3月退官。著書に『まんがで知る教師の学び』『まんがで知る 未来への学び』シリーズ（さくら社）など多数。

【著者プロフィール】
佐藤明彦（さとう・あきひこ）

教育ジャーナリスト。1972年滋賀県大津市出身。大手出版社勤務を経てフリーの記者となり、2002年に編集プロダクション・株式会社コンテクストを設立。教育書の企画・編集に携わる傍ら、自身は教育分野の専門誌等に記事を寄稿。教員採用試験対策講座「ぷらすわん研修会」の事務局長。『月刊教員養成セミナー』元編集長。著書に『教育委員会が本気出したらスゴかった』『職業としての教師』（ともに時事通信社）。

GIGAスクール・マネジメント

「ふつうの先生」がICTを「当たり前」に使う最先端自治体のやり方ぜんぶ見た。

2021年8月12日　　初版発行

著　　者：佐藤　明彦
発 行 者：花野井道郎
発 行 所：株式会社時事通信出版局
発　　売：株式会社時事通信社
〒104-8178　東京都中央区銀座5-15-8
電話03（5565）2155
https://bookpub.jiji.com/

ブックデザイン　長内　研二（長内デザイン室）
編集担当　大久保昌彦
印刷／製本　中央精版印刷株式会社

ISBN978-4-7887-1754-1　C0037　Printed in Japan
落丁・乱丁はお取り替えいたします。定価はカバーに表示してあります。
★本書のご感想をお寄せください。宛先はmbook@book.jiji.com